■ 青少年励志丛书　　　《院士的故事》编写组◎编

STORIES OF ACADEMICIANS

院士的故事 1

西南交通大学出版社

图书在版编目（CIP）数据

院士的故事.1/《院士的故事》编写组编.—成都：西南交通大学出版社，2018.6（2021.1重印）
（青少年励志丛书）
ISBN 978-7-5643-6237-9

Ⅰ.①院… Ⅱ.①院… Ⅲ.①院士–生平事迹–中国–青少年读物 Ⅳ.①K826.1-49

中国版本图书馆 CIP 数据核字（2018）第 129705 号

青少年励志丛书
YUANSHI DE GUSHI 1
院士的故事 1
《院士的故事》编写组　编

出版人	阳　晓
责任编辑	孟秀芝
特邀编辑	陈亚萍
封面设计	原创动力

出版发行　西南交通大学出版社
　　　　　（四川省成都市二环路北一段 111 号
　　　　　西南交通大学创新大厦 21 楼）
发行部电话　028-87600564　028-87600533
邮政编码　　610031
网　址　　http://www.xnjdcbs.com
印　刷　　四川煤田地质制图印刷厂

成品尺寸　146 mm×208 mm
印张　4.125
字数　75 千
版次　2018 年 6 月第 1 版
印次　2021 年 1 月第 3 次
书号　ISBN 978-7-5643-6237-9
定价　28.00 元

图书如有印装质量问题　本社负责退换
版权所有　盗版必究　举报电话：028-87600562

《院士的故事》编委会

主　　　任	蔡晓军
副 主 任	吕　毅　　李　展
委　　　员	谢正德　　何乃国　　张　耘
	胡　兵　　李奋飞　　陈小闯

主　　　编	谢正德
副 主 编	何乃国
编写组成员	王晓达　　张志群　　冯本超
	王世明　　盛祖雄

序1

习近平总书记2014年6月9日在中国科学院第十七次院士大会、中国工程院第十二次院士大会上的讲话中指出："中国科学院院士、中国工程院院士是我国科学技术界、工程技术界的杰出代表,是国家的财富、人民的骄傲、民族的光荣。长期以来,广大院士胸怀报国为民的理想追求,发扬不懈创新的科学精神,秉持淡泊名利的品德风范,聚焦国家战略需求,勇攀科学技术高峰,创造了举世瞩目的成就,为提高我国自主创新能力、增强我国综合国力,为推动我国科技进步、经济发展、人民生活水平提高、国防建设和优化国家决策作出了重大贡献。"

两院院士之所以能够给祖国和人民做出重大贡献,其中一个重要因素是,他们大多在青少年时期受到过艰苦的磨炼或良好的教育,从小志存高远,脚踏实地,培养了刻苦钻研和勤奋好学的好思想,养成了好奇、好思、好问、好动的好习惯,为后来肩负重任、顽强拼搏、勇于创新、成就辉煌打下了坚实的基础。榜样的力量是无穷的,两院院士的这些经历、这些故事是值得广大青少年学习借鉴的。

为贯彻落实中央《关于培育和践行社会主义核心价值观的意见》关于"要从小抓起，从学校教育抓起""坚持育人为本、德育为先"精神，为激励广大青少年从小学科学、爱科学、用科学、崇尚科学，传承两院院士爱国奉献、不断创新、追求卓越的精神，为实现中华民族伟大复兴的中国梦而刻苦学习，健康成长，成都市科协几位退休老干部和科普老作家，本着"讲好中国故事"的要求，克服不少困难，精心编撰了专门面向青少年的科普读物《院士的故事》丛书。它以"励志"为宗旨，以讲故事的形式，介绍众多院士成长、成才、成就的感人事迹，普及院士所从事的专业科普知识。全书图文并茂，生动活泼，通俗有趣，富有特色。

　　少年强则中国强，少年智则中国智。科技兴则民族兴，科技强则国家强。青少年是建设科技强国的希望，我作为"两院"院士一分子，把这套丛书推荐给广大青少年朋友，希望你们从院士的故事中受到启迪和教育，学好基础知识，掌握科技本领，立志长大以后投身祖国现代化建设事业，用智慧和力量去实现青春梦想，为把我国建设成为世界科技强国、为实现中华民族伟大复兴的中国梦而奋斗终生。

中国科学院院士
成都市科学技术协会主席
2018年4月23日

目录
CONTENTS

001 梦飞高铁
中国科学院院士、中国工程院院士沈志云的故事

036 大地之子
中国科学院院士刘宝珺的故事

062 蓝海蛟龙
中国工程院院士于俊崇的故事

096 无形搏击
中国工程院院士张锡祥的故事

120 后记

梦飞高铁

中国科学院院士
中国工程院院士
沈志云的故事

机车车辆动力学专家
中国科学院院士
中国工程院院士

沈志云

◎ 院士简介

沈志云

沈志云，1929年5月28日生，湖南人，机车车辆动力学专家，两院院士（中国科学院院士、中国工程院院士）。1952年毕业于唐山铁道学院机械系，1961年获苏联列宁格勒铁道学院技术科学副博士学位。历任西南交通大学教授、博士生导师、机车车辆研究所所长、牵引动力国家重点实验室主任。曾任全国人大代表、中国铁道重载委员会副主任、四川省铁道学会理事长、成都市科协主席等。

沈志云在1983年发表的《轮轨非线性蠕滑力计算》论文，被誉为"沈氏理论"，在国际上被广泛引用。他主持研制成功的"迫导向货车转向架"，达到了接近无轮缘磨损的程度，为中国数十万辆铁路货车更新换代开辟了新途径。从1988年起，他负责筹建牵引动力国家重点实验室，建成能模拟时速450千米的高速列车机车车辆整车滚动振动运行模拟试验台，达到国际先进水平，对我国发展高速列车技术发挥了重要作用。

沈志云曾获"铁道部劳动模范"称号，并先后获得詹天佑铁道科学技术奖大奖、国家级教学成果一等奖、国家科学技术进步一等奖，为中国高速铁路、重载运输、高新技术发展和铁路高等教育做出了重大贡献。

CRH380BCL高速列车

CRH380AL高速列车

CRH380A在京沪线上运行

1.1 神速的中国高铁

高速铁路及其发展史

高速铁路，简称高铁，是指通过对原来传统铁路线路进行改造，使铁道轨距标准化、直线化，或专门设计修建新的"高速新线"，其营运速度达到每小时200～250千米的高速铁路系统。广义的高速铁路，还包括使用磁悬浮技术的高速轨道运输系统。

从20世纪五六十年代开始，美、英、法、德、意、日等国家，先后开始试建实验性"高铁"，但真正能称得上"世界第一条高铁"的是日本的"东海道新干线"。日本"东海道新干线"自1959年4月5日破土动工，建设历时6年，于1965年7月竣工，同年10月1日正式通车。这条"新干线"，起始于东京，途经名古屋、京都等地，终至大阪，全长515.4千米，运营速度为210千米/时。虽然，它创纪录的"新干线速度"不久就被法国的高铁速度超越，但"新干线"依然以"建成营运以来无事故"而成为高速铁路商业运行的楷模。

自20世纪90年代开始，法国、德国、意大利、西班牙、比利时、荷兰、瑞典和英国等大部分欧洲国家，大规模修建本国或跨国高速铁路，逐步形成"欧洲高铁网络"，掀起了世界高速铁路建设热潮。

而从20世纪90年代中期至今，在亚洲（韩国、中国）、北美（美国）以及澳大利亚，更掀起了高速铁路建设的高潮。我国的高速铁路建设，虽然起步较晚，但由于我国集结研发优势和得天独厚的地质地理优势，起点高、布局早，已成为世界上高速铁路建设发展最快、系统技术最全、营运里程最长、营运速度最快的国家。2011年6月30日正式开通营运的北京至上海的京沪高速铁路客运专线，最高时速达380千米。

中国高铁的"世界之最"

中国高铁拥有一系列"世界之最"（截至2016年）：

高铁网络最大——中国高铁已在国内覆盖28个省区，营运里程长达22000千米，占世界高铁里程的60%以上；

高铁运量最多——日开行动车4600多列，年发送旅客十几亿人次；

建设速度最快——中国7年建了22000千米高铁，日本、法国、德国花了20年到40年都只建了不到2500千米；

建设成本最低——中国高铁每千米成本1.1亿元~1.3亿元（日本1.6亿元~2.43亿元，美国3.6亿元）；

速度系列最全——涵盖了200、250、300、350千米系列时速；

适应环境最强——开发了高温、高原、高寒、抗风沙等各种特殊环境下的动车组，能够适应全球诸多环境的运行。

京沪高速铁路是世界上标准最高的高速铁路，营运速度350千米/时也是世界之最；京昆高速铁路是世界上单条运营里程最长的高速铁路；兰新高速铁路是世界上一次性建成里程最长的高速铁路。

中国高铁不仅有优异的高速列车，而且在勘察设计、建造施工、电气化集成、工程装备等方面拥有自己的核心技术和综合优势，正充满自信地"走向世界"。中国高铁"走向世界第一单"——俄罗斯莫斯科至喀山400千米运营时速的高速铁路建设项目成功中标；百亿匈牙利塞尔维亚铁路项目成功签约；与印度尼西亚政府签署的印尼雅万高铁项目，是中国高铁第一个全产业链出海项目，这意味着中国企业将参与从技术、建设到运营的所有环节，开始以"中国高铁品牌"昂首阔步走向世界。截至目前，中国轨道交通装备已出口到全球七大洲的101个国家和地区，全球拥有铁路83%的国家，均使用了中国的铁路产品。据不完全统计，全球已有28个国家与中国洽谈引进高铁技术或进行合作开发。

1.2 高铁改变了人们的生活

高铁,拉近了城市的距离

高速铁路的"高速",改变了人们旅行的"时空观念",几千公里不再"遥远",原来需要几十个小时的"疲劳之旅",现在只需要几个小时,空间似乎变小了,时间似乎变短了。现在从成都出差去上海办事,晚饭后乘高铁出发,第二天早晨即可在上班前到达上海办事,如果一切顺利,中午乘高铁返蓉,还可赶回来吃火锅晚餐。以前要几天时间才能完成的出差任务,现在一天一夜即可办妥,极大地提高了工作效率。

高铁,改变了春运的格局

2017年1月5日,全国铁路实施新的列车运行图,开行的动车达到4600多列。现在凡是开通了高铁的城市之间,春运的压力大大缓解,旅客的旅行计划更加从容,旅途时间大大缩短,乘坐更加舒适快捷。旅客对高铁的青睐程度日增,需求越来越大,春运期间如果不提前预订,几乎"一票难求"。

京沪高速铁路的雄姿

高铁,改变了就业机会

高铁让沿线城市的发展机会变得越来越多。在此城生活、在彼城就业,成为越来越多人的常态。如此这般的"双城生活,同城效应",在京津冀、长三角、广深、成渝等开行动车组的地方越来越普遍。在高校集中的南京,过去大学毕业生找工作难,高铁开通后,无锡、苏州、常州等城市成为这些毕业生就业的新选择。

高铁,带动了旅游业的发展

高铁为人们提供了更多出行选择,进一步激活了高铁沿线的旅游市场。新疆地广人稀,但旅游资源非常丰富,兰新高铁沿线的乌鲁木齐、吐鲁番、哈密都是闻名遐迩的旅游胜地。目前,吐鲁番每年接待游客300万人次,预计动车开通后将在此基础上增加30%。当然,全国更多城市因为高铁,旅游变得十分火爆,旅游业已成为城市经济发展的支柱行业。

高铁,降低了社会物流成本

随着高速铁路在综合交通运输体系中的作用持续增强,全社会人流、物流周转明显加快,成本有效降低,为改善企业经营效益、提高经济发展质量发挥了重要作用。

高铁,催生了全新的生活理念

高铁不仅是一种交通出行的便捷工具,而且在改变着人们的工作、居住、旅游、养老等传统观念,催生出全新的生活理念,使异地置业、异地消费、异地工作成为可能,还催生出"星期天工程师""假日专家"等新的职业。高铁也使异地养老变为现实,廊坊、昆山、德州等地新建的养老院,正吸引着北京、上海的老年人,使他们以更低的成本享受更舒适的养老生活。

高铁,铸就了中国的一张名片

高铁不仅促进了工业时代的提速发展,还带来了旅游、就业、文化产业、人文、国防建设的深刻变化,提升了中国人的民族自豪感。在国际社会,以前一说起手表,就想到"瑞士制造";机器,是"德国制造";电子产品,是"日本制造"……如今,说起高速列车,人们自然就会想到"中国制造"。中国高铁不仅是中国外交的"一张名片",而且正成为中国走向世界的响亮品牌。习近平总书记说:"高铁动车体现了中国装备制造业水平,在'走出去''一带一

CRH380B在试验台上试验

路'建设方面也是'抢手货',是一张亮丽的名片。"

速度带来激情,速度带来梦想,速度穿越时空,速度改变着世界。中国高速铁路铿锵的节奏声,正推动着人类共同走向美好的新生活。

中国高速铁路建设近二十年,从无到有,从慢到快,从"后进"到"领先",凝聚了万千高铁建设者的智慧和心血,在中国高铁飞速发展的进程中,中国高铁的科技人员做出了突出的贡献,沈志云院士就是他们之中的一位杰出代表。

1.3 牵引动力国家重点实验室

早在1981年,当沈志云第二次出国访问英国时,在伦敦德比铁路技术研究所,看到他们成功运行的160千米/时"快铁"(是自动驾驶的),坐了他们的磁悬浮实验车后,他心情久久不能平静。日本、法国、德国的研究,也展现出高铁的美丽前景,这些现状使他非常明确地意识到,中国要发展,一定要有自己的高速铁路。他暗下决心,要把研究高速列车作为自己一辈子的科研追求。沈志云多次发出呼吁:"什么是世界前沿?搞铁路这一行,只能是高速铁路技术。"

国家科技进步一等奖证书

1988年,当申报"国家重点实验室"这个机会到来时,沈志云和他的同事们,果断地抓住机遇,在上级领导和西南交大的大力支持下,"牵引动力国家重点实验室"申报成功了!项目虽然申报成功了,但是责任和压力也随之而来:中国首个"牵引动力国家重点实验室"如果试验成功,将大大促进我国高速铁路的起步和发展;而如果试验失败,这项耗资近5000万元的项目将变成一堆废铁,毫无用处,必将给国家造成重大的浪费和损失,压力非常大,沈志云形容:研究高铁,就像是"把脑袋别在裤腰带上干活"。但是沈志云没有退缩,他和同事们下定决心,一定要把"牵引动

力国家重点实验室"干成。他们在上级领导和有关部门的支持和配合下，经过8年呕心沥血的艰苦奋斗，克服了重重困难，终于在1995年成功地建起了牵引动力国家重点实验室，建成了能模拟时速450千米的高速列车运行的滚动振动试验台，填补了国内空白，达到了世界先进水平，在发展我国高速列车技术中发挥了不可替代的作用。因为只有在试验台测试改进合格的高速列车，才能在高速铁路上安全、平稳地运行。高速列车是一个庞大的动力系统，试验室提出大系统动力学理论，指导设计使该系统具有足够的脱轨安全性、运动稳定性和运行平稳性。试验室还建立了试验台线路运营的试验验证系统，试验时速相应达到450→350→250千米，以确保运营时的安全、平稳、舒适。对于运营时速为350千米的CRH380列车，试验速度系列达到600→500→400千米。20多年来，我国所有自主研发的高速列车，都送样车到试验室来，接受试验验证，为我国高速铁路的发展做出了重大贡献。该项目相继获得铁道部科技进步一等奖、教育部十大创新成果奖，后来又获得了国家科技进步一等奖。

沈志云院士身为牵引动力国家重点实验室筹建组组长和实验室主任，他带领同事们，不但完成了工程浩大的筹建任务和繁重的实验工作，而且培养出了一支高质量的国家级科技创新团队。从牵引动力国家重点实验室中，不仅走出了沈志云、钱清泉和翟婉明三位中国科学院、工程院院士，还培养出了2名国家"973计划"（国家重点基础研究发展计划）

CRH2-300在试验台上试验到410千米时速

项目首席科学家,3名"长江学者"(教育部与李嘉诚基金会共同筹资设立的专项高层次人才计划)特聘教授,6名国家杰出青年基金获得者和几十名博士、硕士研究生。有记者曾问沈院士:"您一生中最满意的事情是什么?"沈院士毫不犹豫地回答道:"是在建成牵引动力国家重点实验室的同时,培养了一支值得我骄傲一生的国家级科研团队,后继有人了,我的这颗情系轮轨的心,可以放下来了。"

　　沈院士给祖国和人民做出了卓越贡献,获得了很多荣誉。这些成就的取得,是和沈院士从小刻苦学习立志报国的志气分不开的。

中学《格致社》四兄弟
（1944年于溆浦）

沈院士回母校湖南衡东一中（原国立湖南师范学院附中）

《格致社》四兄弟几十年后再相会（2003年）

1.4 中学6年拿了11个第一名

1943年，沈志云考上了当时在湖南享有盛名的国立湖南师范学院附中。在中学6年的12个学期里，沈志云拿了11次全初中、全高中第一名！最后一个学期正好遇上1949年8月长沙解放，因此学校没有评名次。

这么优异的成绩是怎么取得的呢？

当时湖南正值战乱年代。1938年10月，日军占领了武汉、广州，11月攻占岳阳，长沙危在旦夕。为了躲避战乱，沈志云跟随父母四处逃难，从长沙坐船到湘潭，又从湘潭到湘中小镇杨家滩，100多千米的水路，整整走了三天，路上还遭遇土匪抢劫，沈志云一家一路心惊胆战，吃了不少苦。1941年，第三次长沙会战爆发，形势更加紧张，沈志云全家又搬到大山深处一个叫"洞上"的地方，山高路远，交通极为不便。经过这样的折腾和磨难，沈志云深感世事艰难，读书不易，所以特别珍惜学习的机会，勤奋学习的自觉性不断提高。沈志云认为自己不算聪明，因此学习上非常刻苦用功。例如，学历史时，何时？何地？发生什么？他都要弄个一清二楚。学地理时，每个省的地图他都能描画出来。他的分析能力比较强，最喜欢几何课，每次考试都能拿100分。

沈立芸、沈志云兄弟俩（1996年）

另外一个重要因素是，沈志云出生在教师之家，他的父亲、哥哥和姐姐都是教师。清贫守正、勤奋自强的家风，使沈志云从小就养成了发奋向上和不服输的品格。沈志云一生最崇拜的人是他的哥哥沈立芸。沈立芸大他15岁，是他们家的主心骨，是他和姐姐的良师益友。沈立芸异常聪颖，记忆力超强。他从小就知道家境清贫，父母养家不易，经常帮助家里干活。10岁开始读小学，15岁以优异成绩考取湖南省立第一中学，在第一中学每学期都是班上第一名，获得全额助学金，后来又考入湖南第一师范，毕业后在长沙、武汉等地的小学、中学、大学从教46年，育得桃李满天下。有一次沈志云和他哥哥外出挑米，他哥在路上对他讲了许多令他一辈子都不能忘记的话说："我撑起这个家已经耗尽全部精力了，出人才的事就全在你的身上。你不仅要上大学，还要去留洋，才能'出人头地'。要留洋必须学业出众，什么都考第一。"沈志云对哥哥十分崇拜，哥哥的话，他言听计从、坚信不疑。现在来看，这虽然不是最好的激励方式，但那时的确给了沈志云巨大的鼓舞和压力。在哥哥的激励下，他学习更加勤奋，更加刻苦，终于拿下了11个第一名。

1.5 成立"格致社"，广交朋友

在中学时期，沈志云和同班同学刘汉藩、谭哲华、刘荫桐三人结交为好友，经常在一起讨论问题，互相鼓励，互相帮助。1947年初夏，沈志云和三位好友发起、组织全班同学，自带脸盆，修复了原驻地部队修建的一个已被沙石淤塞了的游泳池，从此全校同学都可以高高兴兴地去游泳了，此事在师生中造成了很大影响。沈志云也就是在那个自己动手"修复"的游泳池里学会了游泳，从此养成了他一生喜欢运动的习惯，终身受益，现在身体还很好。

正是这次活动，使同学们深感团结起来的好处，于是沈志云和他的三位好友共同发起组织学生社团"格致社"，"格致"的意思是研究事物原理获取知识。他们广交朋友，经常在一起交流讨论做人、做事、做学问的道理。"格致社"后来发展到20多人,学校的老师也常来参加活动,并以他们自己的经历和经验指导学生,同学们都受益匪浅。

"格致社"使沈志云得到很好的锻炼,极大地提高了他的社交能力,使他感受到广交朋友的好处,让他终身受益。1981年,沈志云到英国参加第六次车辆动力学国际研讨会,在这次会议上他结交了很多优秀的国际同行,对他以后的科研工作起了很好的作用。在一次欢迎会上,一位有着绅士风度的学者跑来向他敬酒,自称是伦敦南岸大学教授布克

"著名相声演员牛群要我'对牛弹琴'"(沈院士如是说)

里，说对中国特别感兴趣，他申请到了一项基金，想同沈志云合作。沈志云和他一见如故，十分谈得来，后来布克里教授成了沈院士一生中结交最密切的朋友之一，他们还共同合作培养了一个英国博士生，至今仍有往来。在这次会议上，他还认识了美国麻省理工学院的赫追克教授，俩人谈得非常投机，讨论问题也很深入，成了莫逆之交。几十年来沈志云广交国内外朋友，一些国内外著名的专家学者，如钱伟长院士、曹建猷院士、钱清泉院士、布里克教授、获帕特教授，文化名人牛群、廖昌永等都曾到他家做客，相聚叙谈、探讨学问，十分欢愉，不但结下了可贵的友情，还在学术和工作上收获多多。

1.6 不选清华，选唐山工学院

1949年下半年，长沙即将解放，沈志云中学毕业要考大学了。沈志云的哥哥忙着帮他筹划，还专门给他写了一封信，叫他回长沙准备高考，信上说："全国肯定要解放，解放后需要大量建设人才，你应当看得远一点，走上学深造之路。"长兄如父，沈志云听从哥哥的意见，回到长沙，在哥哥安排的乡下补了几个月课，专心致志准备高考。

8月5日，长沙宣告和平解放。第二天哥哥告诉沈志

20世纪60年代，沈志云在唐山铁道学院

云，长沙刚刚解放，还没有设置大学考点，最近的考点设在武汉。8月10日唐山工学院在武汉招生，7日必须启程去武汉，清华大学和武汉大学随后也在武汉招生。但是没有路费，怎么办？他哥哥毅然决定变卖了自己的结婚戒指，换来十几枚银元作为弟弟的路费。沈志云先搭了条小木船到岳阳，再从岳阳坐轮船到武昌参加高考。唐山工学院（西南交通大学的前身）招生点设在武昌实验中

当年的唐山铁道学院校门

当年的唐山铁道学院校园

学,他刚好赶上报名,考题不是很难,如英语就是写篇作文,题目就是"我的夏天"。那年夏天对沈志云而言经历太丰富了,他足足写了三大篇。后来,他又到武汉大学参加了清华大学和武汉大学的招生考试。

沈志云没有辜负兄长的期望,拿到清华大学、武汉大学、唐山工学院三所大学的录取通知书。他在武汉大学排名最前,是机械系考生第一名,清华大学机械系是实力最强的,而唐山工学院机械系是解放后重办的第一班。选谁呢?当时中国没有多少工业,而属于重工业、现代化一点的,只有铁路。铁路上的工程师绝大多数都是唐山工学院毕业的,在学校任课的老师,基本都是从美国康奈尔大学毕业的,整套学制很有特色。在铁路系统,唐山工学院名望最高,名气特别响,甚至超过清华大学。沈志云从小对铁路和机车车辆就很感兴趣,情有独钟,在和哥哥商量后,决定不选清华大学和武汉大学,而选择了有"东方康奈尔"之称的唐山工学院。从此,沈志云就和铁路结下了一生情缘,他一生所有的学习、工作和成就都和铁路分不开,并对此引以为豪。

1961年，沈志云获苏联技术科学副博士学位证书

英国格温特州州长全副披挂欢迎沈志云院士（左）
沈志云院士和赫追克教授在第13届国际车辆系统动力学学术会议（IAVSD）大会上（右）

1987年，沈志云院士在英国南岸大学和布里克教授共同指导博士生

1.7 实践—理论—实践

1957年，沈志云被派往苏联列宁格勒铁道学院留学，念机械系的研究生。路过莫斯科时，正好赶上毛主席接见中国留学生，亲耳聆听了毛主席那次极为精彩的重要讲话。毛主席亲切地对同学们说："世界是你们的，也是我们的，但是归根结底是你们的。你们青年人朝气蓬勃，正在兴旺时期，好像早晨八九点钟的太阳。希望寄托在你们身上。"毛主席又说："凡事只要认真去做，就能达到目的。世界上怕就怕认真二字，共产党就最讲认真。希望你们认真学习，做到学习好、工作好、身体好。"听了毛主席的讲话，沈志云深受鼓舞，决心要为国家做出点成绩来。

在苏联列宁格勒铁道学院，导师尼可拉耶夫教授列出200多个选题供沈志云等留学生选择研究。沈志云在图书馆仔细查阅了相关资料，觉得都是很好的课题，但涉及的科学基础各不相同，他不想离开机车车辆这个大本行。沈志云在导师的指导下决定"到生产实践中去，从调查研究入手，发现问题，然后上升到理论高度予以研究解决，再返回生产实践中去验证"。

沈志云在莫斯科十月革命车辆工厂调查时，发现总装车间有一个"落车"问题，当车体和转向架分别修好后，落在一起时，如果车钩高度不合要求，就不能成功"落车"（落在一起），而且由于影响因素复杂，还要成立专门小组，采取多项措施才能解决这个问题。工人们希望能有个"一次落车成功"的方法。为了解决这一难题，沈志云在十月革命车辆工厂落车组整整待了一年，每天在工厂调查，统计数据，查资料，进行严密的分析、计算，拿出方案后又在实践中不断进行修改完善，最后终于成功地实现了"一次落车"。对此导师们评价很高，工厂，尤其是落车工组的工人们，非常感激沈志云给他们做了一件十分有益的工作。有了这段实际工作的经历，沈志云轻松完成了《客车一次落车基本条件的研究》论文的撰写，并顺利通过了由5位教授组成的答辩委员会的答辩，获得了技术科学副博士学位证书。

由此，沈志云逐渐形成了"实践—理论—实践"的工作思路，在实践中找问题，用理论知识和科学技术解决它，再返回实践中去验证，这成了沈志云一辈子的工作思路和工作方法。

1.8 饿牛吃草，24小时工作的人

沈志云院士不仅在读中学、大学时非常勤奋，就算是到了1982年，53岁的他作为访问学者到美国麻省理工学院

神州号高速列车

  进修时,依然保持着旺盛的学习劲头,他常用"饿牛吃草"这四个字来形容当时的状态。他的进修期限只有一年,他在主要从事两项科研课题的研究工作之外,还抓住一切机会学习,一共听了8门由著名教授讲授的课程,没有时间仔细消化,更没有时间做作业,只能采取"牛吃草"的办法,集中精力先听讲做笔记,搜集讲稿、习题、参考资料,回国后再"反刍",细细消化吸收,所以叫"饿牛吃草"。回国后他开的多门课程,都参考了这次学习的成果、教材和资料。

  在麻省理工学院访问学习期间,沈志云院士完成了"轮轨蠕滑理论"的研究。当时在赫追克教授的指导下,沈志云集中精力投入到紧张的研究工作中,他花了两个月时间收集和编辑计算程序,完成了由思路到计算工具的转变,同时进行了大量的计算研究。当时正赶上圣诞节,美国人都回家了,计算机室就剩他一个人,他把20多台微机全部打开,分别运行不同程序和不同工况，效率特别高。还有一次，为了抢进度，他五天五夜没有离开计算机室，仅靠带去的面包香肠充饥，在自动售咖啡机上买咖啡喝，几天完成的工作量比平时一个月还多。赫追克教授听说后，非常满意，夸他是一个24小时都在工作的人。沈志云正是依靠自己的才华智慧和异常的勤奋，完成了"轮轨蠕滑理论"的研究，该理论后来被正式命名为"沈—赫—叶氏理论"（简称"沈氏理论"）。"沈氏理论"发表后，学术影响深远，至今仍被国内外广泛引用。

1.9 培养英国博士生，受到国宾礼遇

  沈志云院士先后带过50多个研究生，其中有一个英国博士生西蒙。西蒙是布里克教授的学生，他的博士论文中涉及机车通过曲线的动力学计算，交由沈院士指导。1986年，西蒙慕名来到中国，沈院士在当时地处峨眉山的西南交通大学指导他学习研究了3个月。1987年，沈院士又去西蒙的学校，和他的导师布里克一起，联合指导了4个月，最后西蒙顺利通过答辩，获得博士学位，并从100多名竞争者中脱颖而出，被聘为该校的高级讲师。

西蒙的家乡在英国南部的格温特郡，该郡在英国不是很大，之前一个博士都没出过。西蒙作为郡里第一个博士，还是一位中国教授培养的，在故乡被传为佳话。1987年9月，沈院士正在英国南岸大学讲学，西蒙特地邀请沈院士到他的家乡做客访问。到达格温特郡后，在郡议会大厦门口，西蒙说："沈教授，请您往上面看看——"沈院士抬头一看，天空中除了英国国旗外，还飘扬着一面鲜艳的五星红旗。现场好多人议论纷纷，说今天怎么会升五星红旗，是不是来了中国代表团。西蒙指着沈院士自豪地对他们说："就是这位中国教授，他是我的博士生导师。"后来西蒙带沈院士到郡长办公室，只见郡长全身披挂、戴满勋章，热烈欢迎给他们郡培养了第一位博士生的中国教授。郡长按照接待国宾的规格接待了沈院士，这样的礼遇，让沈院士感到作为一名中国科学家的荣誉和自豪。后来西蒙被调到英国曼彻斯特城市大学当了教授，现在成了车辆系统动力学领域非常活跃的知名学者。

1.10 中国高铁畅想曲

沈院士的书房里挂着一副对联。上联：三蛇共舞迎琼海；下联：高铁春风暖丹心；横批：蛇年大吉。他曾解释

沈院士在查阅资料（何乃国摄）

沈院士退休后仍然坚持每天上网5~6个小时（何乃国摄）

道："上联是家人，我、我儿子、我孙子，都属蛇，今年（2013年）是蛇年，三人都是本命年，所以是'三蛇共舞'。下联是恋人，高铁就像我的第二个恋人，党的十八大报告中指出，高速铁路实现重大突破，充分肯定了高铁成就，仿佛送来一缕春风，所以是'高铁春风'。我作为高速铁路的一个参与者，工作被肯定是很自豪的。"沈院士认为，中国高铁实现了三大突破：理论突破、技术突破、管理突破。依凭这些突破，中国的高铁技术已经在世界上处于领先水平。

沈院士这样描述"中国的高铁梦"：一是在2016年建成2万千米的高铁网（这个目标已经实现），在2025年建成3万千米的高铁网，在2035年建成4.5万千米的高铁网，这将是世界上最大的高铁网。二是提高运营速度，研发新一代（400~450千米/时）高速列车，探讨（500~550千米/时）超高速列车的可行性，而且要在确保安全性、舒适性、经济性、环保性的基础上平稳运行，更好地适应我国工业化、城镇化、现代化的需要。

　　沈院士展望未来的高铁：中午12点在成都下班后，坐车赶到西安吃午餐，吃完饭再坐车回到成都上班，时间恰好合适，这可不是天方夜谭，只要坐上时速900千米的超高速真空管道列车，就能够实现。在不久前的一次科技讲座上，沈院士还向西南交通大学的师生分享了《中国高铁畅想曲》，特别介绍了磁悬浮列车、真空管道列车以及太空通道这三个方面的一些想法和蓝图。他表示，我国将发展高温超导磁悬浮列车，一旦实现，我国高铁将大大提速，超越现有高铁的速度。真空管道列车则是他近期研究的领域，利用十分之一大气压的真空管道和高温超导磁悬浮技术，可以将真空管道列车的速度提高到600~900千米/时。而太空通道，则是他保守了两年的"秘密"。所谓太空通道，就是要在海拔7000米的高山上，建造一条全长700千米的真空隧道，通道内抽成仅有十分之一的大气压，出口高度要在7000米以上，出口速度要达到8000米/秒，利用这种太空通道和磁悬浮发射方式来实现大规模太空输送任务，进而建设太空太阳能电站，解决地球能源紧张的大问题。我国掌握了太阳能电站、电能无线传输的技术，并且有7000米以上可利用的山

> 梦飞高铁
> 中国科学院院士、中国工程院院士
> 沈志云的故事

峰,所以太空通道非我国莫属,这必将成为我国又一项具有独特优势的重大成就!

　　沈院士2016年已是87岁高龄,他退休后生活简单,心境淡泊,但他仍然坚持每天上网5~6个小时,紧密联系这个快速发展的时代,敏锐捕捉日新月异的新知识、新技术,高度关注我国高铁的发展。作为一个科学家、工程技术专家,他把一生的才华和智慧、全部的激情和心血都献给了中国的高铁事业。

沈院士为青少年题词祝愿

2011/05/19成都七中报告会

座右铭 兴趣爱好 寄语

◎ **沈志云的座右铭**

诚信勤奋,刻苦钻研

◎ **沈志云的兴趣爱好**

喜欢游泳、散步、太极拳
爱好书法、唱歌、弹钢琴

◎ **沈志云对青少年的希望**

严谨治学,刻苦学习,艰苦朴素,
实事求是,志存高远,脚踏实地。

大地之子

中国科学院院士刘宝珺的故事

中国沉积地质学奠基人
中国科学院院士
刘宝珺

20世纪90年代，刘院士在成都地矿所办公室

◎ **院士简介**

刘宝珺，1931年9月生于天津。1956年毕业于北京地质学院岩石学专业研究生班。国土资源部成都地质矿产研究所名誉所长、研究员，成都理工大学名誉校长、教授，四川省科学技术协会名誉主席。1991年当选为中国科学院院士（学部委员）。曾任国土资源部成都地质矿产研究所所长、四川省科学技术协会主席。

刘宝珺

刘宝珺院士在沉积地质、盆地分析、层控矿床、全球沉积地质、油气储集层的成岩作用与岩相古地理，以及生物成矿作用等研究领域取得了突出成就，把我国的沉积学研究推到了世界前沿，许多研究成果在我国都具有先驱性和启迪性。其理论、观点和方法被广泛引用和传播，在地质矿藏勘探方面成效显著。

刘宝珺院士先后在中外刊物发表论文100余篇，撰写出版高校教材、专著20部，其代表作为《沉积岩石学》、《岩相古地理基础与方法》、《中国南方岩相古地理图集》（英文版）。

刘宝珺1986年被国家科委授予"国家级有突出贡献中青年专家"称号，1989年获李四光地质科学奖，1996年获斯潘迪亚罗夫奖，1997年被评为全国优秀科技工作者。

何乃国 摄

　　刘宝珺，这位贡献突出、业绩显著的地质学家，在漫长的"地质之路"艰辛跋涉，有着许多动人的故事……

　　1996年8月4日，来自世界120多个国家和地区的7000多名地学工作者，参加了在北京人民大会堂举行的、被誉为"地学奥林匹克"的第三十届国际地质大会开幕式。在这次大会上，中国沉积地质学奠基人、中国科学院院士刘宝珺荣获"斯潘迪亚罗夫奖"。他是该奖项设立以来获奖的第二十名国际著名地质学家，也是第一位获此殊荣的中国学者。

　　被誉为"地学奥林匹克金奖"的斯潘迪亚罗夫奖，凝聚了刘宝珺院士半个多世纪在祖国大地留下的坚实足迹、汗水、心血和智慧，奖项是荣耀的总结，也是对他取得的成就的"国际公认"，而获奖的漫漫长路，却曲折坎坷……

1.1 成长——从压抑少年到热情青年

刘宝珺出生于天津市的一个知识分子家庭,父亲刘孚如毕业于南开大学数学系,是南开中学的教师。博学多才的父亲对三个儿子充满爱心且教子有方,有心培养他们勤劳独立的人格。刘宝珺从小就养成了早起生炉子为全家人准备早点的生活习惯,同时还学会了洗衣、缝被、补袜、修鞋的生活本领。这不仅仅培养了他做家务的能力,还让他养成了爱劳动、自力更生和为他人着想的良好品行。

但是,他温馨的童年生活,不久就被日本飞机的狂轰滥炸打破了。面对南开中学被炸后的废墟,父亲痛心疾首地告诉刘宝珺:日本人想用炸弹来吓唬中国人,那是痴心妄想!当日军侵占天津后,他父亲难忍亡国之辱毅然辞去教职,绝不当日本统治下的教师。父亲刚毅爱国的精神和行动,给刘宝珺留下了极为深刻的印象。

当时刘宝珺正在上小学,学校中有的日本教官穿着军服马靴,挺胸凸肚耀武扬威。而在小学生刘宝珺看来,这只是些装神弄鬼的野蛮坏人。他从父亲的教诲和母亲讲的"杨家将"、岳飞的"精忠报国",以及老师在课堂上悄悄讲的文天祥的《正气歌》和林则徐虎门焚烟的故事中分清了"好人"和"坏人"。是非好坏虽然可以分清，但在日本人统治的环境中，刘宝珺的心情一直很压抑。

雨过天晴，终于盼到了抗日战争的胜利。刘宝珺小学毕业考进了"南迁"后返回天津恢复办学的南开中学。南开中学这所中华名校，曾先后培养出周恩来、温家宝两位国务院总理，还有一大批国家建设的栋梁之材，其师资和校风确实不同凡响。刘宝珺在南开中学获得全面发展的良好教育，不仅学习成绩优秀，课余活动也丰富多彩，篮球、音乐、戏剧等都是他的爱好。1950年夏天，他以优异的成绩被保送至燕京大学（现北京大学）化学系。燕京大学，当时是众多学子向往的著名高等学府，保送录取又是何等荣光的幸事，可是刘宝珺恰在此时犹豫了。因为他明白进高等学府深造的目的是为国家建设服务，而此时他感到百废待兴的中国，急需的是开发资源的地质人才。地质工作虽然很艰苦，但国家很需要地质人才。在学长、家人的支持下，他毅然放弃了燕京大学的保送，而报考了清华大学地质系，决心以自己的行动来响应祖国"到边疆去，到艰苦的地方去，到祖国最需要的地方去"的号召。从此，他满怀热情地踏上了他的"地质之路"。

1953年，他从清华大学地质系毕业，满怀热情报效祖国的刘宝珺主动申请到"最艰苦的地方去"。刘宝珺在接到去甘肃省白银641地质工作队报到的通知后，异常兴奋地连家也没回，立即从北京乘火车直奔甘肃白银地质队而去！

1949年，刘宝珺与中学同学在清华合影

1953年，刘宝珺在北京地质学院毕业合影

1956年，刘宝珺在北京地质学院研究生毕业合影

1953年刘宝珺在甘肃白银矿区

但是,到了地质队后,刘宝珺才真切地体会到现实的"艰苦"。工区是一片盐碱地,白天烈日炎炎,夜里寒风凛冽,极目望去尽是枯草稀疏的荒原。更令人难受的是,能喝到的水都有苦涩发酸的怪味,喝下去胀气、拉稀,还爱放屁,所以不大的帐篷里经常臭气怪味熏人。后来,地质队还专门为此做出"放屁必须走出帐篷"的古怪规定。

虽然苦,刘宝珺在地质队队长宋叔和的带领下,地质调查工作却开展得很好,半年后就被任命为"矿区区长",肩上开始担责任了。宋队长很赏识这个踏实肯干的年轻人,有机会就用力地"推"他一把。那个时期国家开展高等学校的院系调整,清华大学地质系并入北京地质学院。充实扩大后的北京地质学院准备招收一批有工作经验的研究生,宋队长以641地质队名义推荐刘宝珺去报考,这一"推",把刘

王世明 画

宝珺送回了北京。刘宝珺后来回顾恩师宋叔和时深情地说:"这一推荐改变了我的人生旅程。"

刘宝珺在北京地质学院读研究生,师从苏联专家拉尔钦科和池际尚教授。而他的俄语老师李艳阳,为他的"好学"而心动,后来竟成了他的夫人。这位中国人民大学外语系毕业的姑娘,亦是多才多艺,如今虽然退休了,却爱上了油画,现在家里客厅、画室经常陈列着她的作品。

1.2 考验——从祁连山、神农架的历练到十三陵水库劳动

"师高弟子强。"1956年,刘宝珺研究生毕业后留校工作,导师池际尚是教研室主任,对能干踏实的得意门生关爱有加,当她组建中苏联合地质考察队时,就推荐刘宝珺参加,于是刘宝珺走上了祁连山考察之旅。

池际尚是1950年8月与著名数学家华罗庚、核物理学家邓稼先同船回国的留美博士。池教授教学科研极具特色,思维缜密,阐述清晰,要求严谨又和颜悦色,所教学生对此都有极为深刻的印象。她先后培养了叶大年、刘宝珺、莫宣学

池际尚教授和刘宝珺等人合影

三位中科院院士，而后来成为总理的温家宝也是她的学生。温家宝曾回忆说："我学的晶体光学就是池际尚教授讲的，她不是仅仅讲一堂课，而是整整给我们讲了半年，至今，我都清清楚楚地记得她的亲切笑容，她讲得那么清楚、那么深刻，甚至费氏台的操作她都自己进行……"

池际尚教授当年曾是西南联大的女子排球队队长，体质非常棒，对地质考察跋山涉水毫无惧色，是特别能耐劳、特别能吃苦的女教师，有时午餐就是一杯盐水、一块咸菜伴送一碗冷饭。两年来，她带着刘宝珺和地质考察队，风餐露宿、挨饿受冻在山上考察采集岩样，完成了《青海茶卡地区地形构造岩相图》，成为后来很多高校相关专业的重要图形资料，并被编入专业教材。刘宝珺说，考察中山路的艰险、生活的清苦，他都能克服，而遇见土匪、撞到狗熊时，虽然侥幸脱险，但是想起都后怕，导师坚韧的意志和严格的事业追求，更是让他感受深刻。那次祁连山地质考察的经历和考验让他终生难忘，终身受益。1991年，刘宝珺当选中科院院士，他专门给母校写信感谢恩师，他写道："池际尚老师对我的教育是全面的，她是我的楷模，对我的成长具有深刻的影响。我从她那里学到了如何做一个合格的地质学家、如何对待工作……"以后他带领学生进行考察，都继承了池老师言传身教的好传统。

1958年，刘宝珺带领学生考察神农架，这是另一种不同的考验。神农架位于湖北省西部的原始森林地区，是传

说中"野人"出没的山林。那天,刘宝珺带领学生艰难地在遮天蔽日的森林和崎岖的山路中穿行,天快黑时才赶到了山顶羊角寨,投宿在山村的老乡家。一路疲乏,大家很快就入睡了,不料半夜被急促的敲门声惊醒。还没等他们起床穿好衣服,三名持枪民兵就闯进了房间,对着衣冠不整的刘宝珺厉声喝道:"老实交代,你们是些什么人?"同时不停地上下打量面前这个头发蓬乱、胡子巴渣还戴着眼镜的山村"另类人"。"前几天我们得到通知,有特务在林区活动,抓到了就地正法!你们快老实交代。"民兵继续盘问。听到是抓特务,刘宝珺笑了,惊恐的心情反倒镇定了一点,急忙掏出证件和介绍信,解释道:"我们是北京地质学院的老师和学生,从北京来的,是国家派来寻找山里矿产宝藏的,是党中央、毛主席身边来的老师和学生……"虽然说得有点东拉西扯、语无伦次，但中心意思是"我们是好人，不是特务"。民兵对这些"大话"依然将信将疑，但态度和缓了不少。刘宝珺又拿出他们在武汉长江大桥照的相片继续解释道："这是我们在你们湖北武汉长江大桥照的相片，你们湖北省新建的武汉长江大桥真好，高大、雄伟，火车、汽车都能开过去。建大桥的钢铁、水泥都是用大山里的岩石、矿石开采和生产出来的，我们就是找矿的……"民兵的态度随着刘宝珺的话语越来越和缓了。终于，他们笑着说道："你们是找矿的老师和学生，误会了。"一场风波终于化险为夷。后来学生说："幸好刘老师沉着应对化解了误会，假如强撞硬顶，他们有枪把我们'正法'了，岂不太冤枉了。"

地质之路不仅是学习知识之路，还是社会人生曲折起伏之路。

1957年10月，刘宝珺被"下放"到北京十三陵水库工地劳动，虽说也是和土地打交道，但已没有任何地质学的意义，重点在劳动和思想改造，实际上是把他"打入另册"的前奏曲。不久后，他从湖北鄂西考察回来就得到通知调离北京，有三个单位可供选择：西安交通大学、山西师范大学和成都地质学院。刘宝珺选择了专业对口的成都地质学院。1958年，人们还常念叨："蜀道难，难于上青天。"四川还属于交通不便的偏远内地，而刘宝珺看重的是"地质学院"，地质之路要继续走下去。

何乃国 摄

20世纪80年代,刘宝珺在书房

1.3 沉积——沉积,再沉积,在沉积中爆发

在刘宝珺的漫漫地质之路上,"沉积"成了一个关键词。在地质学学术领域,刘宝珺决定选择"沉积学"作为主攻方向;而在人生道路上,他从京城"沉积"到边远西南,在沉重的压力下开展"沉积学"的研究开拓工作。

这沉重的压力,来自沉积学是地质学中岩石学的新兴分支学科。国内外研究的理论和方法都属初创阶段,可参考借

1993年,刘宝珺
在新疆天山勘查

鉴的资料很少,而且还十分零碎。刘宝珺每前进一步都需要极大的开拓和创新精神,压力大且极具挑战性。这是刘宝珺自己的选择,准确一点说,是在导师的指导推动下做出的选择。1957年,池际尚教授给刘宝珺一个"任务":为毕业班学生开设新课"沉积学研究方法"。这似乎是给他出了个难题,他的专业是岩浆岩和变质岩,1956年完成的研究生论文是《古火山岩》,虽说与沉积岩有关联,但并不是一回事,开课意味着要开拓一个不太熟悉的新领域。领导、恩师下达的任务,再难再重也要接。而在逐渐深入的备课过程中,刘宝珺才体会到导师给他压的重担，是对他的信任和期望，沉积学对于寻找油气矿藏有重要的指导意义，而此时地质学界几乎是空白，导师相信他能胜任，能当个开拓者。当他从北京地质学院"沉积"到成都地质学院时，沉积学的研究开拓工作也就在成都"落地开花"了，从1958年到1982年"沉积"了24年。

这"沉重的压力"还来自当时社会、单位不公正的待遇。1963年，学院调整职称、工资，刘宝珺这位研究生毕业且开了几门课的助教，居然未被晋升"讲师"，原因是"白专"（对政治运动不积极，专业很精通）。"文化大革命"期间，刘宝珺也未能幸免，那段日子阴暗苦涩，而刘宝珺在这样的"沉积"中，看到"家破人亡"的导师池教授仍然那么坚强，更加觉得自己开拓的"沉积学"必须坚持，对于那些非科学非理性的风风雨雨，最好的回应就是"做好沉积学"。

20世纪60年代初，他主编了《沉积学研究方法》，与戴东林等合编了《沉积岩石学》及《沉积相与古地理教程》，这些都是中国地质沉积学的开拓性专著，其中的古地理分析方法、编图程序及规范，对我国地质、石油、煤田、冶金等行业都具有重要的现实意义。1971年12月，云南冶金地质勘探公司与成都地质学院找矿系联合组建"云南滇中含铜砂岩铜矿科研队"，提出"找矿要实打实，靠喊口号、开批斗会是成不了事的"，于是，刘宝珺被邀请加入科研队,成为科研队的技术骨干、技术顶梁柱。他进队以后,带头苦干实干,翻山越岭采集标本,晚上因为下雨无法野外工作时,向队员介绍讲解现代沉积学信息和方法,而且还运用沉积岩石学相关知识,在突破传统找矿理论上有了重大贡献。苦战6年,由刘宝珺执笔编写的《云南大姚铜矿岩相及成岩特点》,在1978年全国科学大会上获奖,并获冶金部的重大项目科技成果奖。刘宝珺的沉积学理论得到了实践验证,使我国这一研究领域处于国际领先地位。也是在1978年,刘宝珺被评为讲师职称。

1980年,由刘宝珺主编的《沉积岩石学》出版,成为我国高校教材;1983年,与曾允孚教授共同主编的《岩相古地理基础及工作方法》出版。40多年来,他在中外刊物上发表论文100多篇,出版专著近20部。1982年,刘宝珺晋升为教授。

1982年,刘宝珺出任成都地质矿产研究所所长,他有了施展才能的广阔天地。在西藏雪原,他做出了关于珠穆朗玛峰地区侏罗纪沉积相、古地理和板块运动以及遗迹化石等丰硕的研究成果。1985年,他运用流体力学,结合沉积学研究创造性地在我国发现了罕见的"碳酸岩风暴岩",并在1988年,开创了我国采用全球地质事件观点研究成矿作用的先河。1991年4月,由他总负责的"中国南方震旦纪——三叠纪岩相古地理及沉积、层控矿床远景预测"项目总报告通过验收,评委们一致认为:这是我国南方迄今为止最系统、

珠穆朗玛峰（何乃国 摄）

1986年，刘宝珺在澳大利亚西海岸考查海岸沉积

最详细的岩相古地理图件，在世界上也是罕见的。这表明，我国岩相古地理研究已达到国际水平，有的研究成果已居于领先地位。自1987年起，刘宝珺成为国际地质科学联合会全球沉积委员会领导成员和全球沉积地质计划中国委员会主席，后又担任国际沉积学会主席，多次组织参与了国际有关全球沉积地质的研究工作。

这就是刘宝珺"沉积"数十年的总结，他的沉积学不仅在祖国"开花结果"，还成功地走向世界。

1982年，刘宝珺在加拿大参加国际会议与同行交谈

何乃国 摄

1.4 "荣誉"——肩负更多的社会责任

刘宝珺的突出贡献给他带来了荣誉，也让他肩负起更多的社会责任。

他不仅是中国和国际地质沉积学学会、协会的领导，还当选为四川省科学技术协会主席、四川省老科技工作者协会名誉会长、中国环境科学学会顾问。他认为，这些头衔把他的眼界扩大到地质学以外的很多领域，研究和服务领域也从地质勘探、沉积学扩大到资源、环境的可持续发展等多个领域。他的研究和服务进一步扩展和提升了。

刘宝珺院士出席政协会议

刘宝珺院士出席学术报告会

在2008年6月15日举行的汶川大地震与成都地质环境论坛上

刘宝珺院士出席学术报告会

中国是个人口大国、能源消费大国。我国现在有50%的油气依靠进口,作为中国石油化工总公司特聘的十大海相勘探高级专家,刘宝珺深感找油责任重大,出谋划策不遗余力。

中国还是人均水资源贫乏的国家,人均水资源仅为世界平均水平的1/4。水资源问题属国家重大战略问题,科学规划、合理调配水资源必须讲科学。面对投资高达5000亿元人民币的"南水北调西线工程",他以科学、负责的态度进行研究论证,在四川省社会科学院原院长林凌等一批老专家的合作支持下,经过两年时间,由林凌、刘宝珺主编的《南水北调西线工程备忘录》出版问世。这部汇集31篇论文的宏大著作,对原规划的"西线工程"提出质疑,同时提出若干科学建议。

刘宝珺认为,作为地质科学家,有关地质矿藏资源的事就是自己的事,没有分内分外之分。所以,当他得知四川攀枝花红格矿区珍贵的"多元素资源"开发,有"私开、贱卖"的问题时,立即拍案而起进行干预,终使问题得到及时解决。

2008年四川汶川大地震后,刘宝珺和成都理工大学几位教授,通过科学论证,公开提出:成都地质情况是稳定的。他在当年6月15日举行的汶川大地震与成都地质环境论坛上明确指出,成都所在的上扬子地块刚性十足,成都主要城区就好像坐在钢盆子里一样安全。未来两百年内成都不会发生8级以上大地震。成都至少能安全两百年。由于他是著名地质学家,他表态的权威性,对稳定社会、安定人心起到重要作用。虽然有人进行非专业的"质疑",刘宝珺坦然而坚定地表示,无论专业

在第六届全国大学生运动会上为女子篮球比赛开球

还是非专业的"质疑"都欢迎,但是科学家该说的话,一定要挺身直言,绝不含糊不清、似是而非。

刘宝珺是勇敢的开拓创新者,亦是谦虚好学的实干家,他回顾自己漫漫的地质之路,念念不忘641地质队的宋叔和老师,念念不忘他的导师冯景兰教授、池际尚教授和王嘉荫教授……他的地质之路,他的人生,离不开这些导师的指引和推动。

对于地质之路,刘宝珺能乐观坚定、不断克服艰难险阻走下去,这和家庭、学校的教育是分不开的。刘宝珺博学多才,他对文学、体育、艺术、音乐、书法、戏曲、历史都曾有浓厚的兴趣,有的还做过认真的钻研,有的还达到了一定的水平。他说,虽然这些爱好离自己的专业甚远,但能够丰富自己的生活,振奋精神,对活跃思维、开拓思路和专业创新有很好的帮助。这可能就是教育学中所说的"多点激发"能提高人的思维和创新能力吧。教育学中提倡"一专多能",也应是这个道理。

用刘宝珺院士珍爱的座右铭来总结他自己开拓创新的"地质之路"和坚韧奋斗的"人生之路",是十分贴切的。那就是:

"天行健,君子以自强不息。
地势坤,君子以厚德载物。"

◎刘宝珺的座右铭

"天行健,君子以自强不息。地势坤,君子以厚德载物。"

◎刘宝珺的兴趣爱好

古典文学,音乐,戏曲,书法,竞技体育,太极拳。

◎刘宝珺对青少年的希望

录爱因斯坦语录二则:

"一个人的价值,应当看他贡献什么,而不应当看他取得什么。"

"物理给我知识,艺术给我想象力,知识是有限的,而艺术所开拓的想象力是无限的。"

蓝海蛟龙

中国工程院院士于俊崇的故事

第二代核潜艇核动力总设计师
中国工程院院士
于俊崇

◎ 院士简介

于俊崇

于俊崇，1940年12月5日生于江苏省滨海县。1965年7月毕业于南京工学院工业热工专业（现东南大学能源与环境学院）。中国核动力研究设计院研究员级高级工程师，博士生导师，2009年当选为中国工程院院士。曾任中国核动力研究设计院某工程研制总设计师，现任某国防重点工程副总设计师，西南交通大学名誉教授。

作为核动力专家，他一直从事核反应堆工程研制及设计研究工作，在核反应堆热工水力与核安全、核动力总体设计等专业领域有很深的造诣。参加了中国第一代压水堆型核动力装置、第一座脉冲反应堆、乏燃料研究堆等工程研制；参加了秦山二期核电站、新型反应堆等方案研究和立项论证工作。作为主要技术负责人，在负责策划、组织工程设计、支持关键技术攻关等方面发挥了关键作用，做出了重大贡献。

2004—2009年曾三次获国防科技进步一等奖；2006年获国家科技进步二等奖；2007年获全军科技进步一等奖；2006年获全国五一劳动奖章；2007年获国家重大贡献奖及金质奖章。

1.1 世界核潜艇发展史

地球,这颗孕育人类生命的星球,其实应该称为"水球"。因为地壳表面,陆地面积不到30%,其余都是"蓝色的海洋"。据报道,宇航员在太空回望地球,见到的是颗漂亮的蓝色星球。海洋,对人类乃至生物的生命形成和生存发展至关重要。人类文明发展史告诉我们,近现代的世界性大国和强国,几乎都是临近海洋的大国。海洋文明和海洋发展,对大国、强国生存发展至关重要。从西班牙、葡萄牙到英国和法国,从荷兰到日本,更不用说俄罗斯和美国了,无一例外。所以,有人称"得海洋者得天下"。当今世界大国、强国生存发展之竞争,必然有海洋之争。

我国是疆域宽广、资源丰富、人口众多的发展中大国，拥有地处西太平洋边缘的黄海、东海和南海，有绵长的海岸线和众多的岛屿。历史的教训告诉我们，我国坚持和平发展，海域的护卫，海洋资源的保护、开发，海洋航运的建设、发展，都必须有强大的海防建设和国防力量作为后盾。

美国"南北战争"期间，南军"亨利号"潜艇

潜艇是海防建设、海上武装力量中"以小搏大"的"奇兵"。早在17世纪，美国"南北战争"期间，1864年2月17日晚上9时许，就有南军"亨利号"潜艇用外伸炸药包炸沉北方联邦护卫舰的战例。这艘12米长的人力推进潜艇，乘员8人，航速4节（1节为1.85千米/小时），潜水深度不到10米，潜水时间仅三十多分钟。它虽然成功地炸沉北军护卫

舰，而自身亦因爆炸产生的漩涡而沉没。这次潜艇的首战亮相并不十分辉煌，是出其不意"神出鬼没"的偷袭，还背上了"不绅士行为"的骂名，有人甚至声称：其被俘艇员可以海盗论处等。但是，潜艇的军事行动特征和优势表现得非常鲜明，各国海军都开始关注这种海中"奇兵"，特别是海域广阔的国家，都把潜艇作为海防建设的战略先行重点。

在第一次世界大战前，全球海洋强国共拥有260多艘潜艇，已是海军作战的重要兵力。德国"U-9"潜艇在1914年9月22日一天之内，击沉3艘英国巡洋舰，震惊世界！据统计，第一次世界大战期间，各国的海军舰艇有192艘被潜艇击沉，而击沉的商船更高达5000多艘。同时，潜艇也有在战斗中"壮烈牺牲"的，被击沉265艘，其中200余艘是德国潜艇。而到第二次世界大战前夕，世界海洋国家共拥有600余艘列入海军系列的潜艇。第二次世界大战期间，潜艇战绩辉煌，共击沉海军舰艇300余艘、海运大型商船5000多艘(2000多万吨)。潜艇，已开始成为极具海战威慑力的战略武器。

如今，潜艇的战术技术性有了很大改进，排水量从几十吨增加到2万吨以上，下潜深度达200米以上，水下最大航速7～10节(水面可达16～20节)，续航力达1万余海里（1海里为1.85千米），自给力（潜艇补足物资后在海上持续活动的最长时间）为30～60天。在许多大国海军中，潜艇已担任了重要角色，得到了广泛运用。潜艇的军事功能，包括攻击敌方水面军舰、商船或潜艇，突破封锁，侦察和掩饰部队行动等。潜艇也可用于非军事用途，如海洋科学研究、海洋资源勘探开采、搜索抢救、海底电缆维修、水下旅游观光等。

潜艇的特殊性优势，简而言之就是"潜"。潜得越深、潜得越久，优势就越大。当然，还要升、降、进、退速度快和体积容量足够大，武器多、火力猛，机动灵活，战斗力强等。要潜得深、潜得久，潜得无声无息且速度快，这就必须有足够强大而持久的动力能源，才能保证它在海洋中自在地发挥其"潜泳"优势，核动力潜艇无疑是潜艇发展的必然选择。

所谓核动力潜艇（简称核潜艇），是指用核反应堆作为动力装置的潜艇。它不像一般的潜艇，用柴油机作为动力装置，用柴油作燃料，航行中需要多次浮出水面添加燃料。核潜艇用的核反应堆的燃料，是一个体积很小的核燃料棒（利用棒中的钚、铀等放射性元素的核聚变释放出巨大的能量），这种燃料棒可以连续使用几年、十几年，无须中途浮出水面添加燃料，这就大大提高了核潜艇的水下续航能力和隐蔽作战能力。

1955年，美国建成的世界上第一艘核动力潜艇"鹦鹉螺"号（左）
1960年，美国建成了战略导弹核潜艇"乔治·华盛顿"号（右）

　　1955年，美国建成的世界上第一艘核动力潜艇"鹦鹉螺"号正式服役，1958年，首次成功地在冰层下穿越北极，显示了超强的冰层水下续航能力。而苏联也在1959年前后，建成核动力潜艇。1960年，美国又建成了战略导弹核潜艇"乔治·华盛顿"号，并在水下成功地发射射程达2000余千米的"北极星"弹道导弹。

　　弹道导弹核潜艇的出现，使潜艇的作用发生了根本性变化，已成为水下的战略核打击力量。此后，英国、法国和中国也相继建成核动力战略导弹潜艇和核动力攻击潜艇。20世纪80年代，核动力潜艇排水量已增大到2.6万余吨，装备有弹道导弹、巡航导弹、鱼雷等武器，水下航速20～42节，下潜深度300～900米，续航力、隐蔽性、机动性和突击威力大为提高。1982年，英国和阿根廷在马尔维纳斯（福克

人民日报登载的中国核潜艇

兰)群岛海战中,英国海军核动力攻击潜艇"征服者"号,于5月2日用鱼雷击沉阿根廷海军巡洋舰"贝尔格拉诺将军号",是核动力潜艇击沉水面战斗舰艇的首次战例。至20世纪80年代末,世界近40个国家和地区,共拥有各种类型潜艇900余艘。

1.2 中国已成为核潜艇强国

　　1970年，我国首艘攻击型核潜艇"长征一号"下水，国内称号为"091型"。不久，我国第二代导弹核潜艇"092型"问世。由于当时潜艇的装备科技水平较差，存在武器火力弱、航速慢和噪音大等问题，与美、俄、法等先进国家的潜艇相比，有很大差距。但随着我国综合国力的提升，在军工科技人员的努力下，我国研制的"093G型"攻击型核潜艇，已跃居世界核潜艇先进行列，仅次于俄罗斯亚森级攻击型核潜艇和美国的海狼级、弗吉尼亚级核潜艇，排

行世界第四。

2015年2月,据附有卫星图片的报道称,停泊在某港口的三艘潜艇是中国最先进的"093G型"攻击核潜艇。报道指出,这三艘潜艇是"093型"的升级版,改进了包括加长款水滴型船体以及垂直导弹发射系统,能发射重创航空母舰的最新款"鹰击-18"超音速反舰导弹。这是我国先进的攻击型核潜艇的第一次公开亮相,也是当前复杂的领海海域和海岛主权形势下我国强势话语权的表态。

现在,中国已被称作世界潜艇强国,拥有80多艘潜艇,其中包括多艘核潜艇。潜艇数量雄居世界第三位。

世界上拥有核潜艇的国家有美、俄、中、法、英五国。1978年,我国用常规动力潜艇水下发射战略导弹成功;1980年,核潜艇水下发射导弹成功。这样,我国就成为继美、俄、英、法之后,第五个拥有水下发射导弹技术的国家。

目前我国第二代核潜艇核动力,已装备多艘093攻击型和094战略导弹型核潜艇。无论是在技术先进性还是安全可靠性上,都较第一代核潜艇有很大提高,创造了多项世界第一的纪录,为保卫祖国领海安全和反海盗立下了赫赫战功。

我国核潜艇从20世纪70年代与美国等先进国家差距很大到如今名列前茅,凝集了成千上万军工科技人员和几代海军潜艇专家的心血,在这些为我国核潜艇建功立业的英雄群体中,有位代表性人物,他就是我国第二代核潜艇核动力总设计师、中国工程院院士于俊崇。

罗琦院长心目中的于俊崇

中国核动力研究设计院罗琦院长是这样介绍于俊崇的：于俊崇治学严谨，对重大技术问题，他一定要弄清它的过去、现在和未来。在攻坚克难时，他是明知山有虎，偏向虎山行，不达目的决不罢休。他喜欢有棱角、有冲劲、敢于发表不同意见的年轻人；不喜欢四平八稳、人云亦云的做派。他总是给年轻人指路子、出点子、压担子，引导年轻人在实际工作中锻炼成长。年轻人在工作中生活上有什么困难，他会及时伸出援助之手，为其排忧解难。他既是中国核动力研究设计院的顶梁柱，也是扶持年轻人成长的好导师。

于院士获中共中央、国务院、中央军委颁发的金质奖章和重大贡献奖

于俊崇这位顶梁柱,是如何成长成才的呢?

于俊崇,生于1940年,是江苏省滨海县地道的农家子弟,父母是目不识丁的农民。他成长为中国第二代核潜艇核动力的总设计师、中国工程院院士、五一劳动奖章获得者,荣获中共中央、国务院、中央军委联合颁发的重大贡献奖,在他的奋斗成长历程中,有许多感人的故事。

小学时期的于俊崇

1.3 文盲父母，目光远大

于俊崇的父母，因为贫穷未能上学，吃够了不识字的苦头，所以他们要儿子于俊崇一定要上学读书。

父亲曾语重心长地对他说："好好读书，千万不要像我与你妈一样，当一辈子睁眼瞎，处处受人欺侮。只要你能读下去，你读到哪里，我们送到哪里。"淳朴的语言认真而深情。

20世纪50年代中期，全国搞农业合作化，土地归了农业生产合作社，农民靠下地挣工分分粮分钱。挣的工分多，自然就能多分钱、粮。而要挣工分，就需要劳动力。一些好心的乡亲，劝于俊崇的父亲于达成说："你们一家五六个孩子，于俊崇是老大，应该让他停学回家挣工分，给弟弟妹妹们做个榜样。单靠你们老两口干活，怎能养活一家八口呀？"于达成回答说："俊崇脑瓜聪明，又爱读书，我想让他继续读下去。让我们老两口多出点力,多苦一点儿,多累一点儿吧!"好心的乡亲见不听劝说,只好摇摇头走开了。于俊崇在父母坚定的支持下,踏踏实实地读书,从小学、初中读到高中直到大学。

于俊崇的父母,不仅供于俊崇读完大学,而且另外的三个儿子中也有两个读到大学毕业。农村的两个文盲父母,培养出三个大学毕业生,在于俊崇的家乡被传为佳话。

于俊崇在父母支持下顺利地上了大学,而他自己不止一次提到:他的两个妹妹也很聪明,要是能让她们像男孩一样去读书,去深造,她们也会拿到大学毕业文凭,走向社会,展露人生的风采;可惜,贫穷的于达成家条件实在有限,他们不可能让每个儿女都去上学"改变命运"。但是,上学的于俊崇继承着父辈的朴实愿望,也很尽心地关怀着自己未能上大学的妹妹。

1.4 带着妹妹,读完小学

王世明 画

大凡子女多又贫困的农村家庭,哥哥姐姐要带弟弟妹妹,这是一种普遍现象。于俊崇家也一样。

于俊崇的大妹于秀梅,比他小七岁,父母要下地干活,

王世明 画

于俊崇便主动把照顾妹妹的担子担了起来。每天上学读书，他便背着书包，牵着妹妹于秀梅一起去学校，于俊崇在教室里听课，让妹妹在教室外玩耍。课间休息时，其他同学成群结队玩跳绳、打弹子、踢皮球，而于俊崇却陪着妹妹一起玩，或给妹妹讲故事，说笑话，让她开心。上课铃声响了，于俊崇只得离开妹妹，与同学们一起进教室听课。中午与下午放学时，于俊崇又带着妹妹回家，成年累月，天天如此。

小学虽然离家不远，小女孩难免有时要撒娇，不愿自己走路，特别是中午、下午放学时，妹妹肚子饿了，更不愿自己走。这时，于俊崇就得背着妹妹往家走。晴天还好，要是遇上雨天，上下学来回都得背妹妹。这样确实很累。而于俊崇却很乐意，因为他爱这个妹妹，还觉得这样能减轻父母一些负担，尽一个儿子和哥哥的责任。就这样，他经常背着妹妹上学放学，乐呵呵地天天与其他小朋友一样如期到学校听课读书。从小对妹妹尽心尽力，对家庭尽心尽责，这和他以后对事业工作的尽心尽责是一脉贯通、一脉相承的。

于俊崇参加工作后，一次回老家时，他妹妹于秀梅动情地对他说："哥哥，感谢您，我是被您背大的！"于俊崇十分遗憾地说："可惜呵，我没能将你背进大学！"于秀梅说："哥哥，我既不怨您，更不怨父母。在那个重男轻女的时代，何况我们家又穷，像我这样，没有上学的女孩，何止千千万！我们一家，能走出三个大学生，是我们于家的幸运，我和妹妹，都为于家有你们三个大学生而感到骄傲自豪呢，你快不要说什么遗憾不遗憾了。只要你们三位大学生有出息，对国家有贡献，我们全家人的脸上都会有光的。再说，我和妹妹要有什么困难，你们三位大学生哥哥也不会袖手旁观吧！"

一席知心话，说得于俊崇也笑了起来。多么通情达理的妹妹啊！

于俊崇对事业的热心和责任心，就是从"背妹妹上学"开始逐步滋生积淀起来的。

1.5 一双球鞋，感动一生

现在无论城市还是农村，中学生、大学生买一双球鞋，都是小事一桩，不值一提。因为现在改革开放，经济发展起

中学时期的于俊崇

来了,城乡富起来了,物质也丰富了,学生们一个个打扮得光鲜体面,谁还在乎一双球鞋?20世纪50年代后期,于俊崇上中学时,城乡物资匮乏,经济困难,买一双球鞋可不能算作小事。有一天,于俊崇的父亲于达成去学校看他。在于俊崇寝室,他神神秘秘地拿出一个布包来,说:"我给你带来一件好东西,你看了一定会高兴的。"说完把布包放在床铺上,先解开捆布包的细麻绳,然后一层层地打开布包,展现在面前的是一双于俊崇做梦都没敢想的雪白的球鞋。

"这是给我买的?"于俊崇有点儿不相信地看着父亲轻轻地问。

待父亲微笑地向他点头时,他上前一步,双手把球鞋拿起来,紧紧地抱在胸前,激动得泪眼模糊地连声说:"我有新球鞋了!我有新球鞋了!"然后,向父亲深深一鞠躬说:"谢谢爸爸妈妈!"

于俊崇见到一双新球鞋,为什么会那么激动?因为这双球鞋当时是父亲花六元多钱去县城买的。六元多钱,现在连一碗小面也买不到,可在当年,大米只卖一角钱一斤。六元多钱,意味着于俊崇的父亲要卖六十多斤大米,才能换来这双球鞋啊!六十多斤大米,在"糠菜半年粮"的农村,那是于俊崇一家一个多月的口粮啊!这双球鞋不仅是"六十多斤大米"的劳动价值,更是父母浓浓的深情,怎么不使于俊崇深深地感动呢!

就是这双来之不易的球鞋,于俊崇将它视为珍宝,下雨下雪他宁肯打赤脚也不舍得穿。节假日或打球时拿出来穿了,他会及时将球鞋擦干净,妥善收藏。每次一穿这双球鞋,他便会联想到他父亲艰难背米上街去卖,然后赶往县城百货公司购买球鞋,随后匆忙赶往学校给他送鞋,一直见儿子把鞋穿在脚上,在寝室里来回走了几圈,表示合脚满意后,父亲才微笑着向回家的路上走去……

就是这双球鞋,由于它来之不易,于俊崇一直从中学穿到大学,参加工作后,他还穿了几年。在于俊崇心里,这是双饱含父母深情的球鞋。这双球鞋让他学习工作永远有一份激励和感恩之情。

王世明 画

1.6 为不旷课，冒雨返校

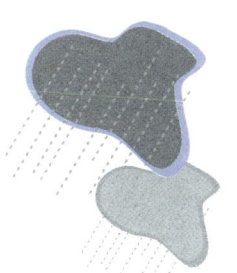

20世纪50年代的农村中学生，一般都在学校吃住，只有每周的星期六下午上完课后，才能回家与父母弟妹相聚，顺便改善生活、换洗衣服。星期天下午，又得准时赶回学校，否则会耽误下周星期一上课。于俊崇就读的江苏省滨海县中学，也同全国各地的中学一样，如此要求住读的农村学生。

就读初三的于俊崇，一次星期天下午正待返校时，天空突然乌云密布，雷声隆隆，海风呼呼。母亲见状担心儿子淋雨，劝说于俊崇多在家住一晚上，星期一再返校。一贯遵章守纪的于俊崇，对苦劝自己的母亲说："我是从来不迟到早退的。星期天下午学生按时返校，这是学校的规定，我不能因怕淋雨而违反校规。"说完，他带上行李，匆匆向学校赶去。

于俊崇赶路不久，果然下起瓢泼大雨。于俊崇既没带雨具，也没有找村舍去躲雨，硬是坚持顶着风雨赶到学校，全身淋得像落汤鸡一样。换下来的衣服，硬是拧出了半脸盆水。好在于俊崇体质好，换上干衣服，晚饭后照样去上自习。

雨，打在于俊崇身上，疼在他妈妈心上，她一个劲儿地双手合十，乞求老天下小点，少下点，别把儿子淋坏了，冻感冒了！后悔不该放儿子回学校。当天晚上，因为担心儿子淋着，病着，于俊崇的母亲一夜未曾合眼。俗话说：儿行千里母担忧。其实，对于每一位父母来说，何须儿行千里，就算是离家外出，都会牵肠挂肚，一直要等到外出儿女寄回平安家信，期盼儿女安危的父母悬着的一颗心才会落地。于俊崇的父母，一直等到下一个星期六看见于俊崇欢快地回到家里，才放下心来。但是他妈妈还是一再叮嘱于俊崇："以后天色不好，千万不要不带雨具就出门。"于俊崇知道母亲关切的深情，但他依然坚持认为，上学认真读书不迟到早退、不旷课缺课是必须做到的"底线"。夏热冬冷、刮风下雨甚至头疼脑热都不是破例的理由。情与理、公与私，于俊崇从读书时就有自己的底线准则。

1.7 恩师情义深重，遗憾报效无门

王世明 画

古话说："一日为师，终身为父。""养不教，父之过；教不严，师之惰。"由此可见，古人对老师的崇敬与尊重。特别是生长在农村，父母都是文盲的于俊崇，很渴望有

一位明智、有学问的老师,给自己开智、引路,指导自己健康成长。韩愈《师说》一文中,给老师规定的任务是"传道、授业、解惑"。如果从当今人才学的角度审视,还应该增加"开智、引路"两条,才称得上优秀老师。聪明好学的于俊崇很幸运,读高中时,遇到了既是班主任又是理化老师的许公望。

许公望老师,1949年前曾是国民政府一位小职员。但在20世纪五六十年代,他们还属于"历史上有污点"的人员,是"控制使用"对象。因此,他工作十分认真负责,为人特别小心谨慎。在学生眼里,许公望是一位心地善良、勤奋敬业的好老师,他对每一位学生的特长、优点,总是赞扬鼓励,从不板起面孔训斥学生,尤其是对于俊崇这样的学生,更是多几分爱护。由于于俊崇家境贫困,弟妹又多,许老师每年都为他争取较高的助学金,使于俊崇顺利完成高中学业,上大学。于俊崇呢,也是一位懂得感恩的人,不管是读大学,还是后来参加工作,每次回老家探望父母,他都会去拜见恩师许公望。

2011年年初,当于俊崇得知许公望老师病重的信息,立即从成都乘飞机赶去看望。当他看到许老师仍然住在十分破旧的房屋里,家中没有一件像样值钱的东西,心里特别酸楚。他反复动员许老师去住医院,许老师却怎么也不肯,认为他现在再也不用担惊受怕,生活已经不错了。临走前,当于俊崇将事先准备好的一笔钱送给许老师时,许老师怎么也不肯收。当于俊崇坚持把钱放下时,许老师竟双膝跪地对于俊崇说:"你要不把钱拿走,我就不起来!"

于俊崇一看惊呆了,忙上前几步,咚的一声跪在许老师对面,双手抱住许老师,声泪俱下地说:"许老师呵,您这样做,折杀学生了!送点钱给您,这是学生一点心意,您收下买点补品吧!"

许公望说:"你评上院士后,学校已经给我发了500元奖金,现在怎么又收你的钱呢?你把钱拿走我才起来!"于俊崇没办法,只得收回钱包,扶起许老师。

于俊崇回成都不久,许公望老师就因病去世了,享年93岁。这便是于俊崇一直深为感叹的"恩师情深义重,学生报答无门"!对恩师的深情,亦是对知识的尊重。于俊崇的感恩报答情怀,在事业中呈现给了中国核潜艇建设。

1.8 参观小型电站,坚定专业方向

一个人的人生目标很复杂,有的子承父业,受其父母从事专业的熏陶。文艺界这种现象比较普遍,诸如音乐世家、梨园世家等。而从农村读书出来的孩子却不同,很少有从小就确定一生发展方向的。于俊崇开始刻苦读书,是为跳出"农门"。但跳出农门以后干什么?直到高三参观县城小型

火电站后,他才选定了自己的人生目标。

江苏省滨海县在修小型火电站前,城乡都靠煤油灯照明,更谈不上什么电气、机械工程了。1960年于俊崇高中毕业前,学校组织他们去参观滨海县城的小型火力发电站,这可真是让他大开眼界、大长见识了。电厂工程师向学生们介绍完电厂的建造与功能后,语重心长地对大家说:"同学们,我们这个发电厂烧煤,这里不产煤,要到很远的地方去买,运价比买煤还要贵,烧煤还会污染环境。而原子能发电,像我们县这样的发电厂,一年有3~5千克的核燃料就够了。据说一个火柴盒大的核燃料,能使火车绕地球跑一圈。你们马上高中毕业要考大学了,希望你们当中能有人去学原子能发电。"

电厂工程师的一席话,点燃了好奇心很强的于俊崇学核能的梦想,他决定报考南京工学院工程物理系,去探索神奇原子能的秘密,决心将来在核科学领域中去探求奋斗。

1.9 从不愿服输,勇于攀险峰

于俊崇与许多出身于贫困农民家庭的成功人士一样,一开始并没有什么出人头地的远大理想和志向,只是秉承父母的希望:多读点书,跳出"农门",挣点钱改变家庭缺衣少

吃的贫困处境。因此，他学习用功刻苦，做事踏实认真，从小便养成了争强好胜不服输的"脾气"。读书时不服输，敢吃苦，不怕难，较着劲儿要比同班同学学深些学好些。小学升初中，班上50多名同学应考，只有3名同学被录取，他是其中之一；初中升高中，60多名同学应考，上榜的也只有17名，他也名列其中。高中考大学，他废寝忘食，"拼"进了

于俊崇院士在某海军基地

南京工学院动力系工程热物理（俗称热工）专业。每次升学考试，于俊崇都是一路绿灯，榜上有名。

20世纪50年代末60年代初的南京工学院，是参照苏联著名学府莫斯科动力学院兴办的。学生们一直都是学俄语。1960年于俊崇考进南京工学院前，许多课程都是苏联专家用俄文讲授。1960年，中苏关系紧张，苏联专家撤走了，但所学的许多课本,还是从俄文翻译过来的。

工程热物理专业,所学的课程多而杂,于俊崇五年时间共学了37门功课。他进大学正赶上国家三年经济困难时期,师生吃不饱,还没油水,许多同学得了水肿病。为了减轻学生负荷,许多大学取消了晚自习与体育课。可当时南京工学院的院长,是海军转业下来的一位少将,对学生实行军事化管理,对学生的作息要求很严,照样要做早操要上晚自习。一次全校在大礼堂听报告,要求下午两点钟开讲,可两点过了还有不少学生稀稀拉拉进场;第二次在礼堂作报告时,到时间院长就让关上大门,迟到的,必须站在礼堂外听讲。从

于院士在讲学

此,再没有人敢迟到了。于俊崇说,当时许多同学觉得院长管得太严,不讲情理。现在回想起来,倒很感谢当年那位院长呢!因为他没有让同学们荒废学业,多学了不少东西,为毕业后的实际工作,打下了坚实的基础。

1965年,大学毕业的于俊崇被分配到中国核动力研究设计院,开始在北京工作。1969年,集体搬迁到峨眉山下的青衣江畔,从事第一代核潜艇陆上模式堆的研制工作。开始,领导安排他搞核反应堆热工水力分析,这项工作不仅要掌握堆物理、堆结构、堆控制等知识,还要看大量的英文参考资料。而于俊崇大学学的是俄语,英语只认识26个字母,难度之大可见一斑。干部科的领导曾问他,要不要另换工作?于俊崇心想,研究室里也有专业不对口的同志,人家能干,我为什么要退却另换工作呢?不能服输!一咬牙,他坚持了下来。

不会英语就要补习英语,但于俊崇的"补习"不仅没进英语培训班,也没找专门的老师教,就凭着一本英语字典,在两年之内,硬是一个单词一个单词地啃了下来。组内安排的工作,他也能适应了,而且还自编了一套完整的热工水力程序。在第一代核潜艇研制中,用于俊崇的话来说,"尽了绵薄之力"。

中国核动力研究设计院研制第二代核潜艇时，于俊崇从做专业组长开始，一步一个脚印地一直做到核潜艇核动力总设计师。有付出，必定有收获。第二代核潜艇比起第一代来，在安全性、可靠性、先进性、维修性四个方面都提高了一个档次，他知难而上顶起了大梁。当第二代核潜艇达到满功率运行时，于俊崇内心无比高兴，觉得扛起的千斤重担终于有了着落，向祖国人民交出了一张合格的答卷。

2004年以来，国防科委先后给于俊崇颁发了三个科技进步一等奖；2006年，他获得了国家科技进步二等奖；2007年，他获得了全军科技进步一等奖，还荣获全国"五一劳动奖章"和国家重大贡献奖及金质奖章等。以上奖项是表彰于俊崇对军队、对国家做出的重大贡献。

何乃国 摄

1.10 家有贤能妻，力量可倍增

20世纪八九十年代，有一首军歌响彻大江南北，教育感动了中国好几代人。其中有一句歌词是："军功章有我的一半也有你的一半"，有军人一半，也有军人妻子的一半。因为军人的妻子在后方操持家务，孝敬老人，生儿育女，使在前方保家卫国的丈夫没有后顾之忧。其实，在中国千千万万的家庭中，又何止军人是这样？在工业、农业、科研、教育以及文学艺术等行业里，无论男人还是女人，在本行业里，要是做出了突出成就与贡献，受到了党和国家的奖励，都有另一方的辛勤劳动与默默付出。

于俊崇与殷作惠，是20世纪60年代后期结婚的，婚后他俩养育了一双儿女。因为于俊崇所从事的工作都属开拓创新类项目，且难度大、要求高，不能出丝毫差错，所以加班加点是常事。夫人殷作惠在研究

于俊崇和夫人殷作惠

所机关工作,工作难度与压力相对小一些,因此,两个孩子的抚养教育,家务操持料理,基本上都是殷作惠在承担。

1980年第一次调工资前,于俊崇、殷作惠两人的工资收入加起来才100元。当时住在峨眉山下,国家除供应有限的粮油肉外,其他鸡鸭鱼蛋等东西,都是向当地农民高价购买。有时买10个鸡蛋为了节省一两毛钱,于俊崇星期天一早就骑自行车,到十里之外的夹江县城或甘江镇去购买。如果100元只管一家四口的生活开支,不会十分紧张。但是,每月还要给读书的小弟于杰与农村的父母邮寄25元,这是雷打不动的,所以就显得十分拮据了。

在那个国家物资供应匮乏,员工经济收入偏低,老人又需供养的年代,两夫妻为给家里寄钱而发生矛盾的,随处可

何乃国　摄

见。于俊崇很幸运，找到殷作惠这样通情达理、善解人意的夫人。有时于俊崇忙不过来，每月领工资后，殷作惠还会主动去邮局给老家寄钱。两人从来没因经济开支发生过矛盾。

按照法定退休年龄，于俊崇已经超期限工作15年了，可他肩上仍然挑着中国核动力研究院、核工业总公司、国防科委、海军等科研单位几副重担，经常要在北京、成都、沿海城市来回奔忙，他成了北京与成都机场的常客。有的同龄人与于俊崇开玩笑说："你坐飞机的次数，比我们坐公共汽车的次数还要多，机场应该给你发一张免费乘机卡，省得你经常买机票麻烦。"于俊崇说："我何尝不想轻松一下呢！当看到院里一些同龄老夫妻，出双入对地上街买菜、看电影时，我们也羡慕，但我们一时还不能享受这份欢乐，我与夫人还得继续过着'我主外，她主内'的日子。我们相信，轻松欢乐的二人世界，总会到来。而且，有她全力'主内'，我才能放手'主外'，她也是我的'动力'，我领的'军功章'确确实实、理所当然地有她的一半。"

以上我们讲的似乎都是与核潜艇这一重型武器无关的细琐"小事"，但恰巧都与做"大事"的于俊崇"做人"息息相关，做大事首先是"做能人"。

于俊崇，一棵农村土生土长的"小苗"，就是这样一路成长为参天大树、栋梁之材的！也许考虑他的职业岗位，应该说：于俊崇，一条农村小河中的"小鱼"，就是这样成长为威武之蓝海蛟龙的！

人生哲学对青少年的希望

◎ 于俊崇的人生哲学

不服输,敢担当;
讲科学,重实践,有远见。

◎ 于俊崇对青少年的希望

不飘浮,要扎实;
沉下心来,打牢基础;
知其然,更要知其所以然。
真正的荣誉与欢乐,
是从困苦与压力下孕育出来的。

打牢坚实根基,方能建成高楼大厦;
拓展知识领域,助你攀上科技高峰!

无形搏击

中国工程院院士张锡祥的故事

电子对抗杰出专家
中国工程院院士
张锡祥

◎ 院士简介

张锡祥，1933年5月19日出生于山西省文水县。1951年参军，在军校学习8年，于1959年4月毕业于中国人民解放军通信工程学院(现西安电子科技大学)雷达工程系。现任中国电子科技集团公司第二十九研究所研究员。曾任二十九所副总工程师、所长顾问。兼任西安电子科技大学、中北大学、国防科技大学、电子科技大学客座教授，我国雷达有源干扰领域的杰出带头人，先后两次参加了对我国不明空情的分析，找出了原因并进行了实验验证。

张锡祥

在科研工作中突破许多新技术，获得许多科研成果奖，1985年获国家科技进步三等奖，1990年获国家科技进步奖一等奖、1997年获国家科技进步奖二等奖，获部级科技进步奖一、二等奖多项。发表论文50多篇，专著3部，科普图书1本。整理内部技术资料约400万字。与大学联合培养博士生、硕士生各十多名及一批科研技术骨干。

1978年获"四川省科学技术先进工作者"称号，1980年获"成都市先进工作者"称号，1982年获"成都市优秀党员"称号，1984年获"四川省劳动模范"称号，1987年获"全国电子工业劳动模范"称号。1999年当选为中国工程院院士。

1.1 电子对抗和战争

电子对抗，美国及北约国家称为"电子战"，俄罗斯称为"电子斗争"。电子对抗技术主要是指以专用电子设备、仪器和电子打击武器系统降低或破坏敌方电子设备的工作效能，同时保护己方电子设备效能的正常发挥。电子对抗的基本手段是电子侦察与反侦察、电子干扰与反干扰、反辐射摧毁与反摧毁。电子对抗的主要内容包括：电子侦察、电子进攻和电子防御。

电子对抗的实质就是敌我双方为争夺电磁频谱的控制权（即制电磁权）所展开的斗争。制电磁权，如同制空权、制海权，是指在一定的时空范围内对电磁频谱的控制权。夺取了制电磁权，就意味着己方能自由使用电磁频谱，不受对方的电磁威胁，同时剥夺了对方自由使用电磁频谱的权利。制电磁权有其时空性。在总体上处于相对劣势的一方，并不是一筹莫展、被动受控，若能正确应对、科学指挥，合理集中力量，就能在某一时域或地域内夺取局部的制电磁权。

电子对抗，具有软硬杀伤的双重战斗力。"软杀伤"是指能有效地阻止敌方正常使用电子设备的作战效能；"硬杀伤"则是使用反辐射武器摧毁敌方的电子设备。

电子对抗的范围，在频域上包括声学对抗、射频对抗和光学对抗（光电对抗）三个领域；从空间上可分为地面、海上、空中、空间和水下；就使用的装备而言，可分为无线电通信对抗、雷达对抗、光电对抗和C3I系统电子对抗等技术。

在当前和可预见的未来，在武装力量的诸兵种中，电子战系统将继续作为部队和武器控制系统的基础。虽然电子战系统可以确保武器在战役和战术级上的有效高指标，但它自身又是控制系统中极为脆弱的系统，因为电子战系统发射的电磁辐射易于被敌方检测出，并遭到敌方电子战系统的对抗。所以有人说，要打赢现代战争，必须先打赢"电子战"。

电子战早期的战例，可追溯到第二次世界大战期间英国轰炸德军与德国纳粹防空部队之间的战斗。随着电子战系统技术和性能的提高，20世纪90年代初的海湾战争后，电子对抗的作用大大提升，不仅被看成作战行动和战斗的支援措施，而且还被视作支撑作战行动和战斗的重要手段。

E-8A空中预警机（上）
E-8A空中预警机地面站（下）

综上所述，电子对抗显然属于高科技专业技术名词，特别深奥。电子对抗专家张锡祥院士将举例告诉我们电子对抗究竟是怎么回事。

美国MILSTAR军事卫星通信系统

美国EC-130H电子战飞机

俄罗斯天空-CRY米波雷达系统

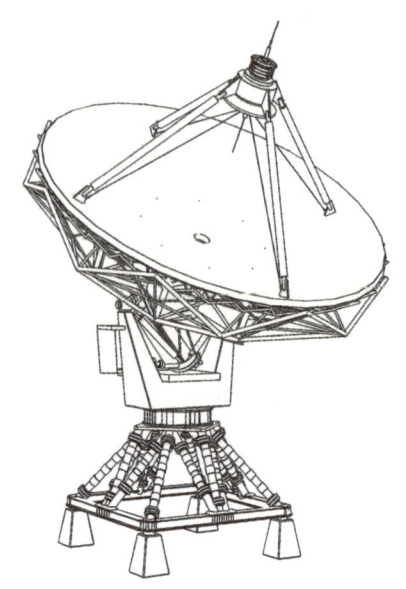

1.2 神密的雷达

  2015年,张锡祥院士虽已82岁了,却依然精神矍铄、神采奕奕,四个多小时的连续采访,他思维清晰、绘声绘色,穿越时空般滔滔不绝地描述,一下子就把我们的思绪拉到了腥风血雨的第二次世界大战空中战场……仿佛看见德军密密麻麻的轰炸机,带着振耳欲聋的凄厉呼啸声扑向英军。可他们当时未曾想到,早在20分钟前就被英军雷达发现,迎接德军飞机的是雨点般密集的高射炮弹。顷刻间,德军无数架飞机拖着长长的浓烟翻滚坠落,损失惨重。英军以约900架战斗机抵挡住了德国2600余架飞机的疯狂进攻……这便是第一个发明雷达的英国,创造了战争史上震惊世界的奇迹。

张锡祥讲到这里时，用手在空中有力地一挥，似乎要将我们从第二次世界大战恐怖阴霾的沉思中唤醒过来，让我们更深刻地认识雷达在战争中所扮演的角色和起到的神秘作用。

自然界中的蝙蝠，在黑暗中穿梭飞行，为什么能不相互碰撞？因为蝙蝠会发出一种频率极高的声波，它的耳膜就能根据声波反射回来的时间来分辨障碍物的距离，从而避免碰撞，人们称它为天然雷达。雷达，就是利用这一原理，用电磁波代替声波，根据电磁波的反射来探测目标的电子设备。因为利用电磁波的雷达探测的范围很大很广，所以人们又称它为"千里眼"。现在的雷达已不仅是"千里眼"了，它可探测比千里更远的目标。

1965年，抗美援越战场上硝烟滚滚。我军的炮瞄雷达时常被美国的"百舌鸟反辐射导弹"击中，炸坏雷达，雷达兵非死即伤，我军的大炮成了"瞎子"而难以发威，恐惧气氛一时笼罩着阵地上的官兵。张锡祥临危受命，研制反击美军首次使用的"百舌鸟反辐射导弹"的设备"雷达附加器"。他带领研制组成员夜以继日，忘我奋战，很快便研制成功。用于战场后，美军"百舌鸟反辐射导弹"因受到"雷达附加器"干扰而失去目标，命中率大幅度降低，我军的大炮继续怒吼发威。

2003年3月20日，在伊拉克战争中，20多万以美国为首的多国部队，先后出动数千架次飞机轰炸伊拉克，向巴格达等十余座城市和港口投掷了各类精确制导炸弹2000多枚，其中战斧式巡航导弹500枚。当时伊拉克国防力量在中东地区是最强的,拥有相当规模的正规军,但是在美军强大的电子干扰下,伊拉克的雷达、飞机、导弹几乎成了摆设,根本无法投入战斗,也无法相互联络。伊拉克总统萨达姆找不到自己的部队,无法下达命令,而部队指挥官成了"瞎子""聋子",联系不上自己的总统,不知道如何作战。美军凭借其实力雄厚的电子信息系统,掌握了整个战争的主动权,以"零损失"横扫伊拉克,很快赢得了胜利。整个战争竟然没有发生一次像样的战斗,创下世界战争史上的"无抵抗败战纪录"。不是伊拉克不抵抗,而是雷达全都"瞎了眼",不知道敌机从哪里来?来多少?根本无法抵抗。一位美国空军的将军形容战场的情况:就好像一个突然打开电灯的厨房,伊军是满地乱跑的蟑螂,还没有等到美军的"电灯"全打开,那些"蟑螂"就被我们轻而易举地消灭了。一位苏联专家在评伊拉克战争时讲,萨达姆就只知道买飞机、大炮、导弹,却不知道买电子战设备,如果伊拉克有干扰机,可以干扰美国的各种雷达,使它变成"瞎子""近视眼",在"瞎对瞎"的战斗中,美国就不可能以零损失取得战争的胜利。海湾战争告诉我们在发展其他先进武器的同时，切不可忘掉要发展电子战装备。

雷达，可侦察锁定目标，并可和与之配套的武器系统同步，共同完成打击目标的任务。为使目标不被雷达发现，便出现了与雷达对抗的干扰器，如同"矛"与"盾"的关系。最原始的干扰器就是给战机上施放金属箔，战机信息就会混在纷乱的金属箔信息当中，难以被雷达发现。而现代的电子干扰，"手段"就更多了。

1.3 出生农村，志气不凡

中学时期的张锡祥

1933年5月9日，张锡祥出生在山西省文水县东堡村一个农村家庭。他自幼聪慧勤学，善于独立思考，凡事都喜欢问个为什么，不搞明白决不罢休。

16岁时，他第一次坐火车到北京，第一次见到了汽车，第一次见到火车，第一次见到电灯。这些在他的脑子里产生了许多的为什么：为什么汽车会跑？为什么火车跑得那么快？为什么灯泡会发亮？这许许多多的"为什么"，他先是自己想，想不通了再找人请教，直到把问题搞懂。

张锡祥读书刻苦，成绩拔尖。他在东堡村小学读书时，正值日本侵略中国。为躲避战乱，张锡祥读书不得不时断时续。在逃难期间，没有老师上课，张锡祥随身带着书本有空便自学，从不贪玩。因此，他的考试成绩总是名列第一。

1948年春，张锡祥在文水中学读书时，学习艰苦不说，皮肉还要受苦。他的家乡处于军阀阎锡山统治下，一次学校国民党的"三青团"骨干分子，无端叫他坦白交代给八路军做侦探的"罪行"，他拒绝回答莫须有的罪名，这些"骨干分子"就用木杠压张锡祥的腿肚子，还用脚猛力踩压，痛得他昏死过去。这种强制性的坦白交代，号称"自白转生"运动。如此反复折磨，断断续续竟达三个月之久。张锡祥这批挨整的学生，都被弄得遍体鳞伤，不成人样。

1948年的夏天文水县解放，当时十分缺乏区县干部，那时还是初中学生的张锡祥，响应学校的号召，自愿报名参加了土改工作队。在工作队员中，他算个文化人，工作队长便指派他负责会议记录，计算各家农户田产，然后划分阶级成分，确定是地主、富农还是中农、贫农。这是15岁的张锡祥另一番社会学习经历，对他认识社会、认识人生很有帮助。

1949年，张锡祥这个从乡下窑洞里走出来、从未上过正规学校的乡村学生，靠借住亲戚家在北京读书。在学校中，他唯恐因学习跟不上而被大城市学生嘲笑，便拼命发奋学习。不曾料到，最终考试成绩特别优秀，夺得学习比赛的第一名，四项考试科目满分为400分，他考了399分。因此，他得到了城市学生的尊重和钦佩。

1949年10月1日，由于张锡祥成绩优秀，他幸运地被学校推荐参加了中华人民共和国的开国大典。穿得干净整洁的张锡祥，精神抖擞地走在学生队伍中，亲眼看见了天安门城楼上毛主席和其他国家领导人的身影，亲耳聆听到毛主席"中国人民从此站起来了"的庄严宣告。他热泪盈眶，感受到了莫大的鼓舞与激励，当时暗下决心，一定要好好学习，将来努力工作，用最好的成绩报效祖国。

1.4　潜心研制雷达干扰机

1951年7月，仅用两年时间学完初中三年课程的张锡祥，毕业时正是美国对朝鲜发动侵略战争的时候，他瞒着母亲，报名参军到张家口中央军委工校一部。通过5个月政治学习结业后，又经过两年预科学习，被分配到解放军电子工程学院雷达系学习。

1959年4月，张锡祥从雷达系毕业，被分配到解放军总

院士的故事 1
YUANSHI DE GUSHI 1

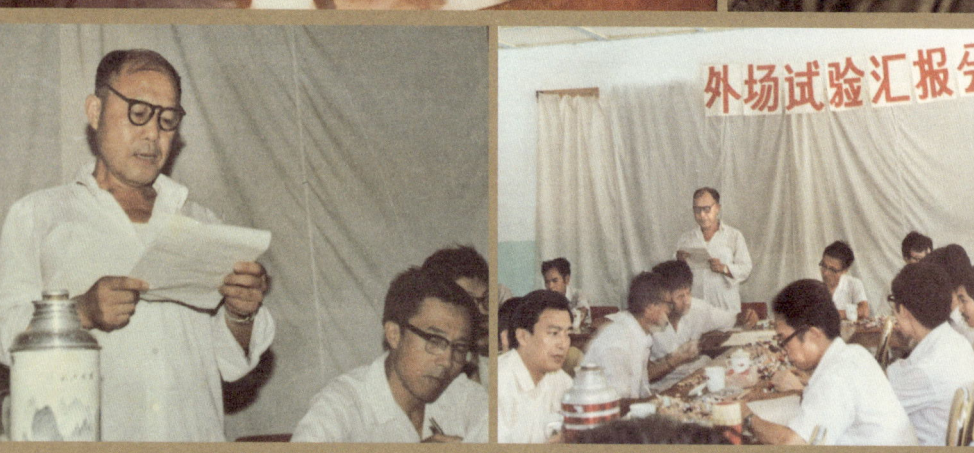

张锡祥接受记者采访（上左）
对雷达事业满怀信心的张锡祥（上右）
张锡祥在外场试验汇报会上（下）

参通信兵部对抗处工作。1963年，张锡祥调到19所工作。1966年12月，参加"三线"（三线指国防大后方）建设，张锡祥调到电子工业部十院29所，一直工作到退休。他把毕生的心血和精力献给了国家急需的电子对抗事业。

现在来说说雷达中的单脉冲雷达。单脉冲雷达测定目标方向，只要一个回波脉冲便可确定目标位置全部信息。这种设备，有很高的跟踪精度和抗干扰能力，国家急需早日拥有这种国防设备。然而，1967年正值"文化大革命"期间，学校罢课，工厂停工。才调到29所的张锡祥与同事们眼睁睁地看着科研项目受阻停顿，忧心忡忡、焦急万分。国防的建设不能停呀！为避开研究所派性斗争的恶劣环境，他和项目组的同事们将机器搬到稍为安全且能配套的西南物理研究所，夜以继日，废寝忘食，反复试验，终于成功地研制出单脉冲雷达干扰机。干扰机发出"干扰"，就是给敌方的雷达"千里眼"戴上眼罩，让它看不清、探不明，不能自动跟踪目标，以利于我方克敌制胜。为检测实际效果，他们将设备带到北京某单位做地面与空中试验：当不开干扰机时，雷达可以实现稳定地跟踪目标；而当打开干扰机后，单脉冲雷达天线就偏离靶标，或围绕目标作大角度摆动，雷达无法进行瞄准射击。试验获得成功！而后张锡祥和同事们又进一步做了改进，干扰机便投入正式生产并装备部队，大大提高了部队的战斗力。

"文化大革命"中后期，为研发中国第一代某型号干扰

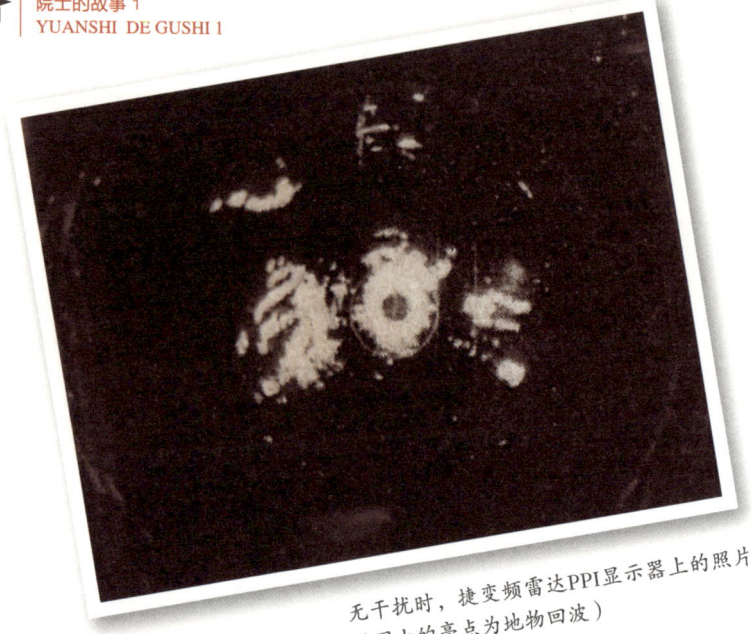

无干扰时,捷变频雷达PPI显示器上的照片
(图上的亮点为地物回波)

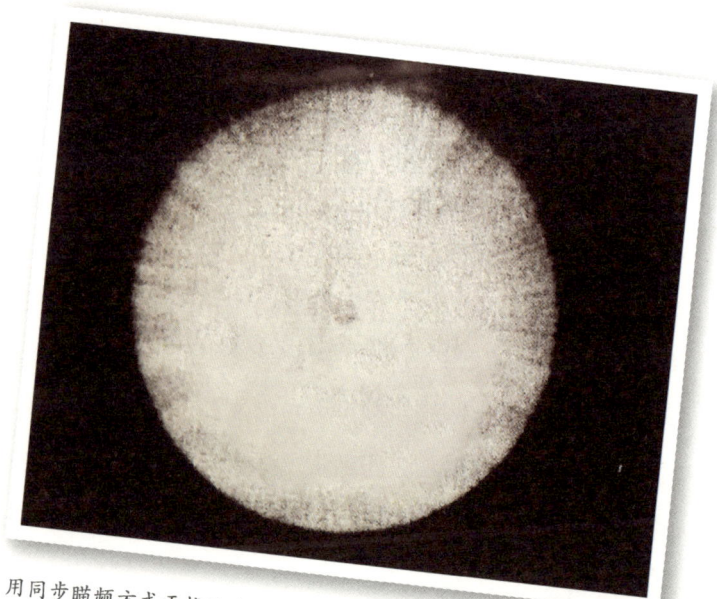

用同步瞄频方式干扰捷变频雷达,在捷变频雷达PPI显示器上的干扰照片

七十年代的张锡祥

机,由厂、所、院校组成了"三结合"研制班子。几年中,张锡祥带领的团队长期往返于成都、桂林两地。有时在桂林要住3个月、半年,最长的一次住了15个月。这期间,张锡祥率团队含辛茹苦、百折不挠地解决了许多技术难题,突破了不少关键瓶颈,终于研制成功了一种新型干扰机,填补了国防科技的一项空白。在"文化大革命"期间,他想方设法排除干扰研制新型号雷达"干扰机",为国防事业做出了特殊贡献!

20世纪80年代,张锡祥和他的同事们又成功地研制出新的第二代多目标干扰机系统,干扰能力进一步增强。所采用的新技术达到了国际先进水平,获得国家科技进步一等奖。80年代末,此种新型"干扰机"正式定型生产,装备部队。张锡祥也因此而享誉业界,各种荣誉接踵而至。

何乃国 摄

1.5 功成名就，仍不懈怠

  1999年当选为中国工程院院士的张锡祥，20多年前就该退休，但他至今仍像普通员工一样坚持正常上下班，继续专注于我国电子对抗事业的发展，主持设计了多种型号电子对抗系统，研制了各种类型电子干扰机，解决了电子对抗事业面临的多种问题，获国家级、省部级多种奖励。他整理编写内部资料数百万字，出版专著3部，科普读物1部。他的研究成果，对我国电子对抗理论和工程学的发展，具有重要意义。"我张锡祥虽然现在已经进入垂暮之年，但我身体还很健康，脑瓜也不迟钝，思维也还敏捷。未来留给我的时间可能不多了，今后最大的心愿，就是继续带好研究生，培养年轻人，把我所学的知识和积累的经验留传给晚辈。让晚辈赶上我，超越我。"这是多么令人感佩的心愿。

通过对张锡祥的采访，我们坚信：有张锡祥这样老一辈科学家的勤奋精神鼓舞，有千千万万青年科技工作者的努力奋斗拼搏，中国的电子对抗技术，在未来的信息化战争中一定能克敌制胜，建功立业，使我们伟大祖国的现代化建设，有一个长期和平安定的环境，提前实现强国富民梦。

张锡祥参加获国家科技进步一等奖"雷达干扰机"的庆功大会

2014年张院士和夫人在北京院士大会上（上）
张锡祥抽空做健身操（何乃国摄）（下）

座右铭 兴趣爱好 对青少年的希望

◎ **张锡祥的座右铭**

自主创新,建军强国。

◎ **张锡祥的兴趣爱好**

喜欢独立思考探索未知,如何在未来信息化作战中,让电子对抗发挥最大的作用。

◎ **张锡祥对青少年的希望**

青少年是祖国的未来,国家的希望,希望你们能够努力学好基础知识和专业知识。发扬中华民族的优良传统,发挥独立思考、自我创新探索的精神,把祖国建设成经济强国、军事强国、创新强国。

何乃国 摄

1 后记

"两院院士"（中国科学院院士、中国工程院院士的统称）是中国科技界最高学术荣誉称谓。关于介绍宣传院士的传记、专著、报道虽有一些，但总体上看还是太少，而且基本上是为成人而写的，其专业性、学术性、理论性很强，"大而全"特征明显。

为了向广大青少年宣传介绍两院院士爱国奉献、不断创新、追求卓越的精神和他们成长成才成就的感人事迹，成都市科协几位退休老干部和科普老作家商议成立编写组，编撰《院士的故事》丛书。这件事得到市科协党组领导的重视和支持，将编写院士科普读物列入成都市科协的科普项目。成都市科协向成都地区院士单位及院士本人，发出了关于编写《院士的故事》丛书致院士所在单位的协商函。

后记

《院士的故事》丛书的主要内容包括院士的简历和成就概述,院士的故事(学习、成长、工作中的精彩故事),院士的工作、学习、生活照片,院士的座右铭、兴趣、爱好,院士对青少年的寄语和希望等部分。拟先从成都地区的院士开始撰写,其对象既包括健在的,也包括去世的;既包括正在成都的,也包括成都出生、学习、工作,以后又到外地工作的。总之,只要是"与成都有关系的"均为编撰对象。

《院士的故事》丛书是纯公益性的,其目的是为孩子们办一件实事、好事,并力求把事情办好。其编撰工作是有相当难度的,因为它涉及面较广,要求较高,专业性强,面对的又是广大青少年学生。编写组的老同志们团结协作,发挥集体智慧,克服了许多困难,经过艰苦努力,反复修改推敲,终于完成《院士的故事》第一集。第一集包括沈志云、刘宝珺、于俊崇、张锡祥四位院士的故事，其中沈志云的第一稿由何乃国执笔，刘宝珺、于俊崇两位院士的第一稿由张志群执笔，张锡祥的第一稿由冯本超执笔。王晓达负责统稿并对所有稿件中专业的科普知识部分作了撰写补充。在稿件定稿前，谢正德、何乃国对文稿进行了全面修订，采纳了成都师范学校附属小学刘青老师对文字表述上的一些意见。王世明全面负责美术编辑、排版设计。盛祖雄为采访撰写工作提供了部分素材资料。书中照片除署名者外，多数由院士本人或单位提供。

在《院士的故事1》的采访工作中，成都市科协原党组书记、副主席陈嘉泰为编写组联系了沈志云、刘宝珺两位院士，四川省电力电子学会名誉副理事长李凤元为编写组联系了张锡祥院士，中国核动力研究

后记

设计院科技委为编写组联系了于俊崇院士。成都市青少年科技活动中心作为编写组的主要联系服务单位给予了编写工作全力支持,成都市科协组织人事部、科普部、办公室等相关部门给予了积极支持,成都西南交大出版社有限公司在选题策划和出版上给予了支持,对此我们一并表示衷心感谢!

需要说明的是,编写《院士的故事1》,我们主观上力求做到思想性、科学性、普及性、趣味性相统一,但鉴于编写组的成员年纪较大,身体较弱,水平有限,而院士所从事的专业理论深奥,成就巨大,还要用通俗的科普语言表达出来,肯定存在许多不尽如人意的地方,欢迎青少年朋友们和广大读者提出意见,以便再版时修订。

《院士的故事》编写组